Margrit Wipf

# Unterwegs auf der
# Via Lusitana

Zwei Frauen – beide Ü70 - laufen zu Fuss auf einem
vergessenen Pilgerweg 900 km durch Portugal

Einleitung

Auf der Suche nach einem Pilgerweg für den Frühling 2016 entdeckte ich durch Zufall einen neuen, mir gänzlich unbekannten Pilgerweg durch Portugal – die Via Lusitana.

Die Beschreibung dieses alten und fast vergessenen Pilgerweges hat mich sofort in den Bann gezogen. Obwohl die damalige Ausgabe des Pilgerführers veraltet war, hatte mich die Neugierde gepackt. Ein Entscheid, den ich nie bereuen würde, aber das wusste ich damals noch nicht.

Margrit Wipf, geboren und aufgewachsen in Zürich, und heute wohnhaft in Klosters (CH) ist die Autorin dieses Buches. Ursula Austermann, wohnhaft in Aachen (D) ist eine begeisterte und ausdauernde Santiago-Pilgerin.
Seit dem Frühling 2008 sind beide Frauen, unabhängig voneinander, auf den verschiedensten Jakobswegen (Caminos de Santiago) in Spanien unterwegs. Im Frühling 2010 trafen sie sich auf dem Küstenweg im Norden von Spanien und blieben in Kontakt. Im Frühling 2014 wagten sie sich gemeinsam auf ihren längsten Pilgerweg durch Spanien, den 1'300 km langen Camino de Levante.

Nun ist es anfangs April im Jahr 2016 und eine weitere grosse Herausforderung wartet auf uns. Portugal, ein Land in der Süd-Nord Ausrichtung auf 900 km zu durchwandern, und eine neue Sprache warten darauf, entdeckt zu werden.

Für meine Pilgerwege wähle ich jeweils einen passenden Leitspruch. Für die Via Lusitana ist es ein Zitat von Laotse

Reisen ist besonders schön, wenn man nicht weiss, wohin es geht.

**Impressum**

Bibliografische Information der Deutschen Nationalbibliothek:
Die Deutsche Nationalbibliothek verzeichnet diese Publikation
in der Deutschen Nationalbibliografie; detaillierte
bibliografische Daten sind im Internet über http://dnb.dnb.de
abrufbar.

Fotos und Layout:          Margrit Wipf

Herstellung und Verlag:   BoD – Books on Demand,
Norderstedt

ISBN: 9783755734765

# Danke

An dieser Stelle bedanke ich mich bei den Portugiesen, die uns so wohlwollend aufgenommen haben und uns ihr schönes und einzigartiges Land nähergebracht haben.

Ich bedanke mich auch bei Dr. Hermann Hass (Autor des Outdoor-Führers Via Lusitana) für seine Unterstützung bei der Planung und den vielen Tipps während der Reise.

Dieses Buch habe ich für Ursula Austermann geschrieben. Es ist ein Geschenk zu ihrem 80-igsten Geburtstag. Ursula, ich finde es schön, dass du immer noch voller Freude und Enthusiasmus auf den Caminos de Santiago unterwegs bist.
'Mens sana in corpore sano'
(ein gesunder Geist in einem gesunden Körper)
Besser kann man dich nicht beschreiben.

Margrit Wipf

# Karte mit der Route der Via Lusitana

Publiziert mit Erlaubnis der Conrad Stein Verlag GmbH, Welver, DE, die das COPYRIGHT für diese Karte besitzt

# Via Lusitana

Bis im Herbst 2015 waren mir die meisten Orte und Regionen im Landesinneren von Portugal gänzlich unbekannt. Jetzt weiss ich zumindest, wo alles liegt und dass ich mich auf interessante Landschaften, schöne Flüsse, historische Städte und Dörfer, Bergregionen, Natural- und Nationalparks freuen kann.

Die Via Lusitana beginnt an der Algarve, in Vila Real de Santo António, kurz VRSA genannt. Der Weg folgt zuerst dem Grenzfluss Río Guadiana und durchquert in nördlicher Richtung den Alentejo. Diese Landschaft ist spärlich bewohnt und hat eine tiefe Einwohnerzahl. In den Frühlingsmonaten ist der Alentejo aber ein einziges Blumenmeer.

Die nördliche Begrenzung des Alentejo ist der Río Tejo, der zweitgrösste Fluss Portugals, der bei Lissabon ins Meer mündet. Nach der Überquerung des Tejo durchwandert man die Provinzen Beira (Beira Baixa und Beira Alta). Eine wenig bewohnte Bergregion von unglaublicher Schönheit, in welcher sich neben der Serra da Gardunha auch die Serra da Estrela (Sternengebirge) befindet. Anschliessend führt der Weg in die bekannte Douro Region, bekannt durch die weltbekannten Weinberge am Rio Douro (Weltkulturerbe der UNESCO).

Nach der Überquerung des Rio Douro führt der Weg in die kaum bekannte Bergregion Tras-os-Montes. Eine archaische Gegend. Auf einsamen Bergpfaden nähert sich die Via Lusitana der portugiesisch/spanischen Grenze, welche man bei Tourém überquert. Anschliessend erreicht man das Ziel der Via Lusitana in Ourense (Galicien).

# TEIL EINS

## VON VILA REAL DE SANTO ANTÓNIO DURCH DEN ALENTEJO BIS ZUM RÍO TEJO

Es ist ein warmer Frühlingsmorgen im Süden von Portugal und da stehen wir wieder und freuen uns auf die kommenden Erlebnisse. Während den Vorbereitungen für diesen alten Pilgerweg hatten wir beide realisiert, dass die Via Lusitana nicht durchgehend mit gelben Jakobsweg Pfeilen markiert ist. Das erfordert, dass wir immer genau auf die Beschreibungen im Führer oder in den Updates schauen müssen. Mit der Via Lusitana wagen wir uns aus unserer Komfortzone mit gut beschilderten Jakobswegen in Spanien heraus.

### Das tönt anstrengend und ist es auch

Auf meine Anfrage nach aktualisierten Unterlagen für die Via Lusitana hatte mir der Conrad Stein Verlag (DE) im Spätsommer 2015 empfohlen, unsere Reise auf den Frühling 2017 zu verschieben, da der Autor des Outdoor-Pilgerführers für die Via Lusitana (Dr. Hermann Hass, DE) an einer Neuauflage des Führers arbeite.

Wir wollten aber kein weiteres Jahr warten. Unser Alter ist ein Thema und wir fragen uns immer wieder, ob wir das im folgenden Jahr noch bewältigen können. Nach den letzten zwei Jahren mit monatelangen Pilgerwegen quer durch Spanien trauten wir uns diese Anforderung aber zu.

Zudem hatte uns das Reisefieber schon voll im Griff. Hermann Hass stellte uns seine umfangreichen Updates zur Verfügung. Im Gegenzug verlangte er von uns, ihm die Änderungen resp. Unklarheiten umgehend zu melden. Wir waren uns der Verantwortung für sein noch nicht publiziertes Buch durchaus bewusst.

## Algarve, Portugal

Gestern sind wir beide nach Faro an der Algarve geflogen. Ursula ist von Düsseldorf via Lissabon geflogen und ich hatte einen Direktflug von Zürich nach Faro gebucht. In meinem Reisetagebuch steht: Pünktlich in Faro gelandet, Rucksack da, Ursula da. Das zeigt doch deutlich, wo meine Prioritäten für diese Reise liegen.

Aufgrund der relativ späten Ankunftszeit meines Fluges (18.00 Uhr) hatten wir schon im Voraus entschieden, die erste Nacht in Faro zu übernachten.

Zum Nachtessen gehen wir in ein nahe gelegenes Restaurant und staunen ob der grossen Auswahl in der Speisekarte. In den Portugal Reiseführern steht, dass man in diesem Land auf jeden Fall eine Feijoada (Bohnen Gericht) probieren soll und so müssen wir nicht lange überlegen.

Ursula und ich haben uns seit unserem letzten Camino de Santiago im Frühling 2015 nicht mehr gesehen und demzufolge haben wir uns viel zu erzählen. Um 21 Uhr sind wir dann aber schon im Bett. Beide hundemüde.

## Reisebericht / Reisetagebuch

Auf meinen Jakobswegen, welche mich in den vergangenen acht Jahren durch ganz Spanien führten, schreibe ich jeweils meine Gedanken und Erinnerungen in ein Moleskine Reisetagebuch.
Dank diesen Reisetagebüchern bleiben die Erinnerungen an faszinierende Reisen noch jahrelang sehr präsent und erlauben mir auch jetzt, mein Reisetagebuch als Buch zu verfassen und zu veröffentlichen.

Vila Real de Santo António (kurz VRSA), Ruhetag

In meinem iPhone hat die Zeitumstellung für Portugal nicht funktioniert und der Wecker weckt uns um 06.30 Uhr anstatt um 07.30 Uhr. Egal, wir sind ja ohnehin ausgeschlafen. Nach dem Frühstück machen wir uns auf zum nahegelegenen Bahnhof. Das Wetter ist schön und wir geniessen die milde Frühlingsluft. Unser Zug von Faro nach Vila Real de Santo António fährt um 09.55 Uhr ab. Eine Stunde dauert die Fahrt der Küste entlang und wir sind voller Vorfreude auf alles was kommen wird.

Wir haben ein Zimmer in einem kleineren Hotel gebucht, welches direkt am Ufer des Río Guadiana liegt. Dieser Fluss bildet auf vielen Kilometer die Grenze zwischen Portugal und Spanien. Während der ersten Tage werden wir immer wieder an seinem Ufer oder in seiner Nähe gehen. Bei unserer Ankunft im Alojamento Baixa Mar in VRSA werden wir zum ersten Mal auf die Sprachen Probe gestellt. Die Senhora spricht kein Englisch, kein Deutsch und auch kein Spanisch. Ursula und ich schauen uns an und beginnen spontan zu lachen. Ich werde am Ende dieses Tages noch etwas zu meinen Portugiesisch Sprachkenntnisse schreiben.

Zuerst packen wir unsere Pilger-Rucksäcke aus, da wir zwei Nächte hierbleiben werden und machen uns dann auf, um den Ort zu besichtigen. Danach gehen wir ein Teilstück der ersten Etappe bis nach Castro Marím. Über die Strasse wäre nur 3.5 km, aber es gibt einen Umweg (11 km) durch die Salinen und das wollen wir uns nicht entgehen lassen. Geruhsames Wandern auf Lehm- und Sandpfaden. Wir sehen viele Flamingos und grosse Salzberge. Teilweise kommen uns Biker entgegen, sonst aber sehen wir niemanden. Nach ca. zwei Stunden erreichen wir eine kleine Strasse mit gelben Pfeilen, welcher wir bis nach Castro Marím folgen.

# Portugiesisch

Wir beide sprechen fünf Sprachen fliessend. Während der letzten Jahren auf den Jakobswegen in Spanien mussten wir nie überlegen, wie man etwas fragt oder sagt. Das kommt so einfach über unsere Lippen, wie wenn wir in unserer Muttersprache sprechen würden. Portugiesisch aber, war bisher nicht in meinem 'Anforderungskatalog'. Als wir uns vor einem halben Jahr für die Via Lusitana entschieden hatten, war auf einmal diese Sprache ein Thema. Ursula hatte einige Kenntnisse aus früherer Zeit, ich hingegen keine. Im Outdoor-Pilgerführer wurde darauf hingewiesen, dass Portugiesisch Kenntnisse von Vorteil sind da die Bevölkerung in den ländlichen Gegenden gar keine Fremdsprachen spricht.

Also erkundigte ich mich im Internet über die verschiedenen Möglichkeiten, schnell Portugiesisch zu lernen. Zum ersten habe ich den 'Portugiesisch Sprachkurs 'Schnell & Intensiv' des bekannten Hueber Verlag GmbH, DE, gekauft, dessen Sprach- und Übungsbücher ich bereits für einige andere Sprachen besitze und auch immer wieder daraus lerne.

Die nächste Problematik war die Aussprache. Nach einigen Recherchen bin ich auf den Internet Sprachanbieter Babbel gestossen. Nach einigen Probelektionen hat mich dessen Online-Version für die schöne und melodiöse Aussprache angesprochen. Mir blieben also 6 Monate, um mich mit dieser Sprache zu befassen und zu büffeln.

Zum Glück lerne ich seit frühester Jugend sehr gerne fremde Sprachen, sodass mir diese täglichen Lektionen auch Spass machten. Zu meinem Erstaunen empfand ich die Aussprache nicht schwierig, aber die Wochentage, die sind wirklich schwer zu lernen. Das sollte während unserer Wanderung immer wieder zu Lachanfällen führen.

**1** Foz de Odeleite – Alcoutim, Sonntag.

Nachdem wir gestern mit dem Bus von Castro Marím nach Vila Real de Santo António zurückgefahren sind, sind wir zum Hafen des Río Guadiana gelaufen, um uns für die Bootsfahrt von hier nach Foz de Odeleite zu erkundigen. Auf der Via Lusitana ist es nicht so wie auf den vielen Caminos de Santiago in Spanien. Es hat nicht alle 20 km eine Unterkunft für Pilger. Im Pilgerführer steht eine Möglichkeit der Etappenkürzung beschrieben, der wir uns nicht entziehen können. Die Fahrt mit einem Schiff von VRSA bis nach Foz de Odeleite. Hier trifft die Via Lusitana auf die Strasse, welche von dort in 18 km bis nach Alcoutim führt. Das war unser Plan. Leider sind wir zu früh in der Jahreszeit und die Ausflugsschiffe fahren noch nicht. Also setzen wir uns zusammen und besprechen unsere Möglichkeiten.

Am Sonntag fahren auch keine Busse und so bleibt uns nur die Möglichkeit, mit einem Taxi zu fahren. Schade für die Flussfahrt, aber wir wussten schon im Vorhinein, dass wir nicht von Planänderungen verschont sein würden.

Nach dem Frühstück fahren wir nach Foz de Odeleite. Bei der Schiffhaltestelle hat es ein Café, leider ist es noch geschlossen. Also machen wir uns auf den Weg. Wir gehen auf der wenig befahrenen Strasse M-507, in mehr oder weniger grosser Entfernung zum Fluss Guadiana. Das Wetter ist veränderlich, Jacken aus, Jacken an, wir müssen sicher zehn Mal den 'Kleider-Türk' mitmachen. Nach ca. 9 km hat eine Bar direkt am Fluss geöffnet. Wir trinken einen Kaffee und schauen dem träge dahinfliessenden Fuss zu. Danach gehen wir weiter. Die Zistrosen duften sehr intensiv. Weiter hat es Schopflavendel, Stechginster, Orangen- und Zitronenbäume, wilden Fenchel und Mandelbäume. Alles ist üppig grün. Schön! Ab 13 Uhr wird es zunehmend sonniger und die Fotos werden farbiger. Irgendwann sehen wir das lang ersehnte Alcoutim, unseren heutigen Etappenort.

Strahlend weisse Häuser, direkt am Río Guadiana gelegen und gegenüber, auf der spanischen Seite, Sanlucar mit der imposanten weissen Burg und den zwei Windmühlen.

Vor 14 Uhr erreichen wir Alcoutim und steuern ein Restaurant mit Sicht auf den Fluss an. Riverside Tavern, gutes Essen und sehr freundliche Bedienung in gutem Deutsch. Die meisten anderen Gäste sind mit ihren eigenen Booten da, darunter Engländer, Holländer und Deutsche.

Gestärkt vom Essen machen wir uns auf zur Jugendherberge (Pousada de Juventude), wo wir gestern ein Zimmer für zwei Nächte reserviert haben. Eine schöne Anlage, etwas ausserhalb des Ortskerns, aber auch am Fluss gelegen. Nach dem Bezug des Zimmers lege ich mich hin zur Siesta. Gegen Abend gehen wir in den Ort zurück und lassen uns mit der kleinen Fähre nach Sanlucar übersetzen. Diese Fähre fährt nicht nach Fahrplan, sondern, wenn jemand am Bootssteg steht, kommt der Fährmann dorthin. Für einen Euro kann man auf die andere Flussseite hinüberwechseln. Bevor wir uns zum Apéro mit Tapas hinsetzen, kaufen wir Wasser und Aquarius, und dazu noch ein Sandwich für morgen.

Zurück in der Jugendherberge kümmern wir uns um das Frühstück für die nächsten 2 Tage, bezahlen unseren Aufenthalt und studieren die morgige Etappe.

## 2 Alcoutim – Santa Marta

Es war eine gute Nacht und wir haben lange geschlafen. Wir stehen um 06.30 Uhr auf. Heute müssen wir den Rucksack nicht fertig packen, da wir nochmals hier übernachten werden. Nach der Morgentoilette gehen wir in die Küche der Pousada de Juventude, wo unser Frühstück im Kühlschrank bereitsteht. Angeschrieben mit 'Breakfast for Margrit and Ursula'. Um 8 Uhr laufen wir los. Unsere heutige Etappe nach Santa Marta ist 15 km lang, eine perfekte Länge für die ersten Tage. Es ist leicht bewölkt, ca. 17° warm. Der Weg führt von der Pousada aus direkt auf den Panoramaweg und folgt über Hügel dem Río Guadiana entlang.

Dieses Teilstück ist zugleich ein Stück der Via Algarviana. Dieser Wanderweg führt von Alcoutim ca. 300 km bis an den westlichsten Punkt von Portugal und wurde auf bereits bestehenden Land- und Waldwegen errichtet.

Die Zistrosen sind in voller Blüte und bilden einen wunderbaren Kontrast zu der grünen Macchia. Dann hat es natürlich auch wieder viele Schopflavendel, gelbe Blumen und Margeriten. Sehr schön zu gehen. Als wir im letzten Jahr auf dem Camino Mozárabe (von Granada bis Mérida) unterwegs waren, haben wir viele uns unbekannte Vögel entdeckt. In der Zwischenzeit kennen wir jedoch die Laute einiger seltenen Vögel und mit etwas Glück können wir sie auch fotografieren. Heute sehen wir Rebhühner (Perdiz), Wiedehopfe und viele Schwalben.

Nach ca. 8 km erreichen wir Cortes Pereiras, ein kleiner Ort mit einem einfachen Lokal. Wir kehren ein und trinken einen Kaffee. Es beginnt zu regnen und wir warten noch ein wenig. Dann gehen wir weiter. Am Weg stehen Menhire, welche wir besichtigen und fotografieren. Auf dem Weiterweg treffen wir eine Französin, die auf der Via Algarviana unterwegs ist. Etwas später begegnen wir Gertraud, die unsere Etappe in umgekehrter Richtung geht.

Um 12.30 Uhr erreichen wir Santa Marta und in Ermangelung einer anderen Sitzgelegenheit setzen wir uns ins Bushäuschen. In Santa Marta hat es keine Unterkunftsmöglichkeit und auch kein Restaurant. Aus diesem Grund fahren wir nach Alcoutim zurück, übernachten dort nochmals, um morgen mit dem Bus wieder hierher zu fahren.

Der Bus zurück nach Alcoutim fährt erst um 15 Uhr und ich versuche einige Male unser Glück mit Autostopp. Aber niemand hält an. Anstatt hier zu warten, bestelle ich ein Taxi, welches uns direkt ins Riverside Tavern zum Mittagessen.

In Portugal und Spanien sind Taxis sehr günstig und in urbanen Gegenden belaufen sich die Preise auf ca. 1€ pro km. Wir fragen deshalb die Taxifahrerin, ob sie uns morgen, am frühen Morgen, bei der Jugendherberge abholen könne, um uns nach Santa Marta zu fahren. Das gibt uns die Möglichkeit, nicht auf den Bus warten zu müssen und wir können früher starten. Alles perfekt.

Nach dem Mittagessen gehe ich zurück ins Zimmer zu Siesta und Dusche. Ursula ist in der Zwischenzeit nochmals nach Sanlucar gegangen, um zur Burg hinaufzusteigen.

Am Abend treffen wir uns im Ort, kaufen Proviant und Wasser für morgen ein, und setzen uns zu einem Apéro unten am Fluss hin.

Dann gehen wir in unser Zimmer zurück, holen die trockene Wäsche hinein, packen den Rucksack und besprechen die morgige Etappe.

## 3 Santa Marta (Vicentes) - Mértola

Unser bestelltes Frühstück befindet sich wieder im Kühlschrank und auch der Kaffee steht in grossen Thermos-Krügen bereit. Unser Taxi kommt pünktlich um 07.30 Uhr und wir fahren bis nach Vicentes, einige km nach Santa Marta. Dort befindet sich der Eingang zum Parque Natural do Vale do Guadiana, einem Naturpark entlang des Río Guadiana, durch den die heutige Etappe der Via Lusitana verläuft.

Zuerst führt der Weg durch leicht hügeliges menschenleeres Gebiet, voll mit Zistrosen. Der leichte Regen hört bald auf. Nach 5 km erreichen wir das erste Dorf Roncanito und ein wenig später sind wir in Boavista (Schöne Aussicht). Das Café ist leider geschlossen. Ab hier rennt uns ein schwarzer, relativ junger Hund, mittlere Grösse nach. Er verschwindet immer wieder in den Feldern, folgt uns aber hartnäckig auf der kleinen Strasse bis zum nächsten Dorf. Bis hier glauben wir immer noch, der Hund werde irgendwann zurückgehen. Dem ist aber nicht so. Wir haben uns aber richtig verhalten, nicht mit ihm gesprochen und ihm natürlich auch nichts zu essen gegeben. Wir fragten auch einen Dorfbewohner, wem der Hund gehöre. Nur ein Achselzucken. Also gehen wir einfach weiter. Und der Hund? Er begleitet uns freudig schwanzwedelnd weiter auf unserer Wanderung. Die Beschreibung der Strecke ist gut und während wir weiterwandern, wird es bald sonnig und warm. Ein wunderbarer Weg, mal runter und dann wieder hoch und immer wieder werden wir mit Blicken ins weite Land verwöhnt.

Nach einigen Kilometern erreichen wir ein weiteres kleines Dorf, in welchem eine kleine einfache Bar sein soll. Aber auch hier haben wir kein Glück und finden nur eine verschlossene Türe. Also setzen wir uns auf eine Bank, trinken Wasser und knabbern einige von unseren Mandeln.

Auf dem Weiterweg durchqueren wir drei Bäche, die aber nur Rinnsale sind. Die vierte Furt können wir problemlos über die Steine begehen. 'Unser' Hund ist immer noch bei uns. Mal links ins Gebüsch, mal rechts, mal flattern Rebhühner aufgeschreckt davon. Er scheint unermüdlich.

Gegen Mittag erreichen wir ein verlassenes Dorf (Bombeira Nova), das am Hochufer der Río Guadiana liegt. Wir setzen uns hin und essen unser Sandwich. Der Hund ist immer noch hier. Er hat sich einfach hingelegt, bettelt nicht und wartet einfach bis wir weitergehen. Das bereitet uns aber so langsam Sorgen. Was wird, wenn wir dann in Mértola ankommen?

Der Weiterweg führt nun wieder dem Guadiana entlang in Richtung von Mértola, unserem heutigen Etappenort. Auf der linken Seite des Weges liegt ein grosses Weingut und zu unserer Rechten zieht der Fluss träge dahin. Es ist ein schönes Wegstück. In der Ferne kann man bereits Mértola sehen, das spektakulär auf einem felsigen Hang über dem Fluss thront. Wir wissen jetzt auch, wo das Titelbild auf dem Outdoor-Führer entstanden ist. So schön.

Nach weiteren 5 km erreichen wir den Ortsrand von Mértola und müssen das letzte Teilstück auf einer Strasse gehen. Unser Hund ist sich anscheinend an Autoverkehr gewöhnt. Ursula geht vorne, der Hund in der Mitte und ich hinten. Als wir die Stelle erreichen, bei der wir die Strasse überqueren müssen, warten wir zuerst ab, bis gar keine Autos mehr kommen. Dann überqueren wir zu dritt die Strasse schnellen Schrittes. Jetzt noch hinauf ins Oberdorf und oben sehen wir ein Restaurant, welches auf einer Tafel auf Tagesmenus hinweist. Ursula geht hinein, um für einen freien Tisch zu fragen und ich warte mit dem Hund draussen. Als ich dann auch hineingehe, will mir der Hund folgen. Aber bei allen Restaurants weisst ein Schild 'Nao Cao' daraufhin, dass Hunde draussen bleiben müssen. Ich sage zu ihm auf

18

schweizerdeutsch, dass er draussen warten muss, und er versteht das sofort. Die Besitzer bringen dem Hund etwas zu essen und eine Schüssel mit Wasser.

Das Essen ist reichhaltig, herzhafte Alentejo Küche und schmeckt sehr gut. Nach dem Essen gehen wir zu unserem gebuchten Hotel und der Hund folgt uns wieder. Das Tourismusbüro liegt am Weg und wir holen uns zuerst einen Stempel für unseren Pilgerpass und tätigen auch noch die Reservation für die Pilgerherberge von Amendoeira da Serra, in welcher wir übermorgen übernachten werden. Dann fragen wir nach einer Auffangstation für unseren Hund. Uns ist klar, wir können ihn nicht mitnehmen. Mértola verfügt über kein Hunde-Asyl aber auf unseren Wunsch informiert die Angestellte die Tierärztin, welche sich den Hund am Abend anschauen will. Beim Hotel will der Hund natürlich auch mit hinein, aber als wir die Glastüre schliessen, legt er sich einfach auf die Matte vor der Türe.

Ich habe für unseren Aufenthalt das Hotel Beira Río gebucht, welches erhöht über dem Río Guadiana liegt. Unser Zimmer ist mit Flussblick und verfügt zudem über einen kleinen Balkon. Wir werden zwei Nächte hierbleiben, damit wir morgen die Stadt besichtigen können. Nun folgt unser Pilgerritual, duschen, Kleider waschen, ich mich zu einer Siesta hinlegen und dann noch etwas in meinem Reisetagebuch schreiben.

Gegen Abend gehen wir zu einem kleinen Stadtrundgang. Der Hund ist nicht mehr zu sehen. Ich habe gemischte Gefühle. Auf der einen Seite bin ich froh, dass wir uns keine Sorgen mehr um den kleinen Kerl machen müssen, auf der anderen Seite frage ich mich natürlich, wo er geblieben ist. Unterwegs treffen wir Gertraud B. (Österreicherin, aber in Bonn lebend) und da sie noch nichts gegessen hat, gehen wir ins O Salvador, die Bar von heute Mittag. Zu meiner Freude liegt unser Hund vor dem Lokal und schläft. Wir erzählen Gertraud unsere Hund-Story und unsere Via Lusitana Pläne.

Sie war schon einige Male auf der Via Lusitana unterwegs, ist jedoch nie die ganze Strecke an einem Stück gelaufen. Von Hermann Hass (Autor) hatte sie erfahren, dass Ursula und ich zur gleichen Zeit im Alentejo unterwegs sein würden. Sie wird ca. 10 Tage lang die gleichen Etappen gehen wie wir, und so werden wir uns immer wieder treffen. Sie bleibt auch zwei Nächte hier und wir verabreden uns für morgen zum Mittagessen.

**4** Mértola, Ruhetag

Ausschlafen! Über dem Fluss liegt Morgennebel, aber man kann bereits sehen, dass es schönes Wetter wird.

Frühstück im Hotel um 08 Uhr. Anschliessend besichtigen wir die Kirche (früher war das eine Moschee) und die Burg. Nachher gehen wir zum Fluss hinunter, um die Störche am gegenüberliegenden Ufer zu fotografieren. Zu unserer Freude liegt ein Ausflugsboot am Quai und wir entscheiden uns spontan für eine kleine Rundfahrt auf dem Rio Guadiana. Wir fahren bis zum verlassenen Dorf Bombeira Nova, durch welches wir gestern gelaufen sind. Es ist eine gemütliche Rundfahrt und wir können in aller Ruhe die Störche beobachten, welche auf der Suche nach Nahrung sind. Zum Mittagessen treffen wir Gertraud. Sie hat auf ihrem Rundgang unseren Hund gesehen, der anscheinend bei einer Haustüre relaxed in der Sonne liegt.

Nach dem Essen wollen wir das Convento de São Francisco besichtigen. Vor einigen Monaten hatte ich eine Dokumentation im TV gesehen, in der es hiess, dass man das Kloster auf Voranmeldung besichtigen könne. Dieses 400 Jahre alte ehemalige Kloster ist seit den 1980er Jahren im Besitz einer holländischen Künstlerin und ihrer Familie. Nachdem ich wusste, dass wir auf der Via Lusitana nach Mértola kommen würden, habe ich versucht, einen Besuchstermin zu erhalten. E-Mail, Telefon und Anrufbeantworter – alles negativ. In meinem Portugalführer steht, dass man den Bio-Garten, ein antikes Bewässerungssystem und die seltenen Rötelfalken nach Voranmeldung besichtigen kann. Wir gehen dorthin, um es noch persönlich zu versuchen. Ein freundliches Nein hätten wir akzeptiert, werden aber durch einen Sohn der Besitzerfamilie unfein abgewiesen. Das passt einfach nicht in dieses Land mit seinen so freundlichen Menschen!

**5** Mértola – Amendoeira da Serra

Es ist Donnerstag, 21° warm und die Etappe ist etwas über 20 km lang. Eine schöne Etappe, obwohl die ganze Strecke auf Asphalt ist. Die ersten 4 km gehen wir auf dem Seitenstreifen der N122 und biegen dann auf eine kleine Landstrasse ab. Hügelauf – Hügelrunter, es ist wie durch Wellentäler schreiten.

Pflanzen am Weg: Rosmarin, Salbei, Schopflavendel, Affodillien, Mohnblumen, Margeriten, Gladiolen, Zistrosen und gelbe Margeriten. Traumhaft schön.

Vögel am Weg: Rebhühner, diverse Lerchen (Feld- und Haubenlerchen), Kuhreiher (weiss), eine Nachtigall, diverse Greifvögel und Milane. So interessant. Und immer wieder werden wir mit Ausblicken ins weite Land verwöhnt.

Kurz vor unserer Ankunft in Amendoeira da Serra (ein kleiner Weiler) ruft Gertraud an. Sie ist schon dort und wartet mit dem Essen auf uns. Die Herberge ist sehr sauber und das Essen schmeckt uns.

Nach dem Essen und einer Siesta besichtigen wir noch die Umgebung und erkundigen uns nach dem Weiterweg für morgen. Im Pilgerführer steht, dass eine Furt bei viel Regen evtl. nicht passierbar ist. Da es aber in den letzter Zeit keine starken Niederschläge gegeben hatte, sollte uns die Furt morgen keine Problem machen.

**6** Amendoeira da Serra – Cabeça Gorda (Beja)

Diese Etappe ist mit 24 km die bisher längste auf unserem Weg. Im Gegensatz zu Spanien, kann man in Portugal meistens erst ab 08 Uhr frühstücken. Bei langen Etappen ist das für uns nicht optimal und wir sind immer etwas im Hintertreffen. Aber wir werden dieses Zeitmanagement auch noch hinkriegen. Um 08.30 Uhr sind wir dann auf dem Weg. Gertraud geht allein und ist bald nicht mehr zu sehen.

Der Weg ist schön angelegt und führt durch einsame und schöne Gegenden. Die Blumenvielfalt ist überwältigend!!! Das kann man kaum in Worte fassen. Als Überraschung flitzt auch noch ein Hase über den Weg.

Gegen Mittag sind wir in Vale de Russins. Hier sollte man bei einem Kiosk Getränke und etwas zu essen erhalten., aber der Kiosk der alten Senhora ist geschlossen. Also setzen wir uns auf die Treppe bei Wasser und Brot. Plötzlich sieht Ursula, dass etwas versteckt eine Taverne geöffnet ist. Kaffee?? Ja immer!! Wir bestellen Kaffee und einige Kekse.

Ein Tisch ist für 6-8 Personen gedeckt. Bald kommen die Männer mit der Wein Lieferung und setzen sich zum Essen an den Tisch. Interessiert schauen wir zu. Zuerst wird eine grosse Schüssel mit Brotscheiben gebracht. Dann kommt ein Topf mit Kartoffeln und Fleisch. Die Fleischbrühe wird in die Suppenschüssel gegossen. Alles sieht sehr schmackhaft aus. Im Nachhinein dachten wir beide, wir hätten anfragen sollen, ob wir auch essen können. Aber die fortgeschrittene Zeit und die lange Etappe haben uns weitergetrieben.

Am Anfang der Etappe habe ich über die Blumenvielfalt geschrieben, aber was jetzt an Farbenvielfalt folgt ist spektakulär schön. Diese Blütenpracht, über weite Hügel hinweg und in allen Farben, übertrifft alles was wir schon je gesehen haben. Wir sind sprachlos.

Nach weiteren Kilometern beginnt es zu winden, so stark wie ein Jet-Stream und der Himmel verdüstert sich. Die

23

angekündigte Sturmfront wird bald hier sein. Regenjacke anziehen und schneller gehen. Wir sind auf einer ausgesetzten Hügellandschaft und es hat nirgends eine Schutzmöglichkeit. Die Kilometer und die Stunden ziehen sich dahin. Irgendwann beginnt es dann auch zu regnen. Es ist schon nach 15 Uhr und wir sind schon seit mehr als 7 Stunden unterwegs. Cabeça Gorda kann man mittlerweile in der Ferne sehen, aber es liegt noch ca. 2 km entfernt.

Da holpert plötzlich ein Lastwagen hinter mir her und ich frage mit Zeichensprache, ob ich einsteigen dürfe. Einige Meter später kann sich Ursula auch noch in die enge Führerkabine hineinquetschen. In Cabeça Gorda hat es keine Übernachtungsmöglichkeit und den einzigen Bus haben wir knapp verpasst. Ein Taxi ist die einzige Möglichkeit, um ins 13 km entfernte Beja zu gelangen.

## 7 Beja – Cabeça Gorda – Beja

Heute steht ein halber Ruhetag im Programm, trotzdem frühstücken wir wieder früh. Am Morgen besichtigen wir die Stadt und kaufen auf dem Markt noch etwas Proviant für morgen Sonntag ein.

Nachdem wir gestern Nachmittag das Reststück von Cabeça Gorda nach Beja nicht mehr gehen konnten, werden wir dieses Stück heute Nachmittag nachholen. Aus diesem Grund treffen wir uns mit Gertraud, um nach Cabeça Gorda zu fahren.

Im Restaurant (Casa de Pasto) Café dos Caçadores, einem Tipp aus dem Outdoor-Führer folgend, nehmen wir das Mittagessen dort ein. Für den Besitzer sehen wir offensichtlich wir nicht wohl genährt aus. Er bringt eine grosse Platte mit grilliertem Fleisch und dazu Schüssel um Schüssel mit Beilagen. Alles sehr gut. Nach so einem üppigen Mahl müsste man eigentlich ausruhen, aber wir haben uns ja vorgenommen, die fehlenden 13 km bis nach Beja zu gehen.

In unserer Vorstellung würde das ein netter Samstagsspaziergang über die Felder sein. Nach den starken Regenfällen in der Nacht entpuppt sich der Weg allerdings als Lehm Passage ohne Ende. Bald sieht man drei genervte Pilgerinnen, die mühsam versuchen den Lehm von den Schuhen loszutreten. So haben wir uns das nicht vorgestellt. Aber zum Glück kann man solche Episoden schnell wieder abhacken.

**8** Beja – Cuba

Diese Etappe stellt keine grossen Anforderungen dar. Heute geht Gertraud auch mit. Es ist Sonntag und irgendwie sind wir in Sonntagsstimmung. Die Etappe ist mit 21 km nicht sehr lang, es ist warm und sonnig und wir verweilen immer wieder und fotografieren die schöne Landschaft. Der Weg verläuft schnurgerade durch Felder, nach dem Motto 'weites Land, fernes Land' und vorbei an einigen verlassenen Gehöften. Nach ca. 2 Stunden erreichen wir die N18 (Nationalstrasse) und auf der gegenüberliegenden Seite befindet sich das Restaurant Dom Garfo, welches bekannt für seine Fisch Grilladen ist. Leider sind wir viel zu früh da. Der Grill wird erst eingefeuert und wir begnügen uns daher mit einem Getränk.

Der weitere Weg ist nun asphaltiert, aber gut zu gehen. Unterwegs sehen wir Felder bis zum Horizont, intensives Grün mit grossen weissen Blüten. Wir kennen diese Blumen nicht auf Anhieb, aber beim genauen Hinsehen erkennen wir die Blüten. Es ist weisser Mohn, der für Kosmetikartikel gewonnen wird. Auf dem Weiterweg durchwandern wir grosse Weinbaugebiete, eine herrschaftliche Herdade (Bauerngut) und grosse Olivenplantagen. Gegen 14 Uhr erreichen wir unseren heutigen Etappenort Cuba. Es ist natürlich nicht das Cuba von Fidel Castro, sondern ein kleiner Ort im Alentejo.

Gestern haben wir Zimmer in einem Hotel gebucht und essen im dazugehörenden Restaurant zu Mittag. Obwohl wir immer eine Meia Dose (halbe Portion) bestellen, sind die Portionen riesig. Späte Siesta und anschliessend Besichtigung des Dorfes. Die Kirche ist fast gänzlich mit Azulejos (blaue Kacheln) ausgekleidet.

Im Portugal Führer des Michael Müller Verlages habe ich einen Hinweis gefunden, der den speziellen Canto Alentejano beschreibt. Das sind eher traurige Gesänge, welche ausschliesslich von Männern gesungen werden. Cuba hat solche Männerchöre und wir machen uns auf die Suche nach dem Lokal Taberna do Arufa. Mit Hilfe von Einheimischen finden wir das Lokal und schon von aussen hört man die Musik. Was für ein Glück! Einer der Chöre befindet sich in der Taverne bei der Probe. Wir setzen uns hin und kommen in den Genuss einer dieser speziellen Vorstellungen.

Wir sind die einzigen Fremden, werden aber sehr herzlich empfangen. Natürlich möchten die Leute wissen, was wir in dieser entlegenen Gegend machen. Und als wir in unserem rudimentären Portugiesisch erzählen, dass wir auf einem Pilgerweg sind, kommt sofort die Frage nach Fatima? Diese Frage werden wir auf der Via Lusitana noch viele Male hören. Fatima ist der bekannteste Pilgerort in Portugal.

## 9 Cuba – Viana do Alentejo

Um früh losgehen zu können, haben wir gestern Abend noch eine Bar gesucht, welche um 7 Uhr für das Frühstück öffnet. Wir bestellen das typisch portugiesische Frühstück 'Café e Pão Torrado com Manteiga' (Kaffee mit Buttertoast).

Während der ersten 11 Kilometer verläuft die Via Lusitana leider auf der Strasse, da diverse Grossgrundbesitzer ihre Anwesen durch Stacheldrahtzäune abgeschirmt haben. Und so haben wir uns gestern Abend entschieden, dieses erste Stück zu fahren und erst ab Vila Ruiva zu gehen.

Es ist sonnig, angenehm warm und wir geniessen die Fahrt durch die schöne Gegend. In Vila Ruiva gehen wir zuerst zur 'Junta de Freguesia' (Ratshaus) um unsere Pilgerausweise abstempeln zu lassen. Dann lockt ein einfaches Café auf dem kleinen Dorfplatz bevor wir losgehen. Zuerst laufen wir auf einem kleinen Asphalt Strässchen ohne viel Verkehr, vorbei an einem Waschhaus, an Blumenwiesen, einer Schafherde und begleitet vom Ruf eines Wiedehopfes.

Nach einer Weile kommt uns ein Pferdegespann mit einer Familie mit Kindern entgegen. Alle in traditioneller Kleidung. Das sieht sehr photogen aus und Ursula möchte fotografieren. Sie wird von einem der jungen Männer aber brüsk zurückgewiesen. Ich bin etwas weiter hinten und da meine Kamera ein 30-iger Zoom hat, kann ich ein schönes Bild von diesem Gespann, mitsamt Ursula daneben machen.

Nach einer römischen Brücke passieren wir eine Stelle, an der sich eine 'Roma'-Grossfamilie niedergelassen hat und werden sofort von den Kindern und Jugendlichen angebettelt 'Foto, Euro', etc. Es ist klar, dass wir nicht fotografieren und sobald wir ausser Sichtweite sind, verstauen wir unsere Kameras. Später am Tag erfahren wir, warum so viele Menschen mit Pferdegespannen hier sind. Am vierten Sonntag im April wird die berühmte Pferde Wallfahrt (Romaria a Cavalho) in Viana do Alentejo

28

erwartet. Zu Pferd und in geschmückten Wagen kommen viele Pilger von Moita her. Die Pilgerreise führt in vier Tagen über Feldwege nach Viana do Alentejo, wo sie dann von einer Menschenmenge erwartet werden. Schade, dass wir einige Tage zu früh in dieser Gegend sind. Das hätten wir gerne gesehen.

Aber nun zurück zu unserer Etappe. Wir geniessen es, gemütlich zu gehen. Nach ungefähr 2 Stunden erreichen wir das Dorf Albergaría dos Fusos, in welchem sich laut dem Pilgerführer das kleine Café A Mó befindet. Wir gehen hinein und werden sehr freundlich empfangen. Die Besitzerin ist erfreut über unseren Besuch und fragt uns sofort, von woher wir sind und wohin wir gehen werden. Solche Begegnungen geben uns auch die Möglichkeit einige Dinge zu fragen. Anfangs des Dorfes haben wir einen Baum voller dunklen Beeren gesehen. Sie sahen aus wie Brombeeren, sind aber länglich. Keine von uns dreien hat die je gesehen, noch wussten wir was es war. Also zeigte ich der Frau mein Foto und sie erklärte uns sofort, dass man die Beeren essen kann, es seien Amoras (Maulbeeren). In solchen Fällen bin ich froh über meine Übersetzungs-App LEO. Das Wort eintippen und schon ist die deutsche Bezeichnung da.

Der Weg führt weiter, teils auf einer kleinen Landstrasse, teils auf Naturwegen, aber immer in Richtung Norden. Wir kommen an einem grossen Landsitz vorbei, der im 15.Jh. von der Adelsfamilie Cadaval erbaut wurde. Beeindruckend ist auch der grosse Platz der gänzlich mit Pflastersteinen versehen ist. Irgendwie surreal. Nach einem kleinen Picknick unterwegs gehen wir weiter. Bald kommen wir in die Nähe unseres Etappenortes Viana do Alentejo. Von der Strasse aus kann man eine grosse Kirche sehen 'Santuário Nossa Senhora d'Aires'. Noch wissen wir nicht, dass diese Wallfahrtskirche das Ziel der Romaria a Cavalho ist. Sieht imposant aus wie sie so allein in der Natur steht.

Es ist um 13 Uhr, als wir am Restaurant Churrascueria 3 Bicas vorbeigehen,. Das Wort ´Bica' kennen wir schon. Es hat

29

verschiedene Bedeutungen. Im Diktionär steht an erster Stelle die Rotbrasse (ein Fisch), dann ein Espresso und an dritter Stelle steht bicar für aufspiessen. Wir kennen es bei der Kaffee Bestellung. Ursula bestellt eine Bica, ich bestelle meinen Espresso als Café. Teilweise schauen uns die Kellner fragend an und, um sich zu vergewissern, dass sie das richtig verstanden haben, fragen sie zurück 'aber das ist doch das Gleiche? ' Wenn wir dann zustimmend nicken, finden sie es erstaunlich, dass wir als Fremde diesen Unterschied kennen.

Das Lokal sieht einladend aus und wir setzten uns auf die schattige Terrasse. Wir sind die einzigen Gäste. Aber das bleibt nicht lange so, denn innert einer halben Stunde sitzen wir inmitten von Portugiesen, welche auch ihr Mittagessen geniessen.

Dann machen wir uns auf, um unsere Unterkunft zu suchen, die wir gestern per Telefon reserviert haben. Es ist ein Privathaus, welches Zimmer (Quartos) vermietet. Da heute seit Tagen der erste wirklich warme und sonnige Tag ist, benützen wir die Wäscheleine im Garten, um unsere gewaschenen Kleider zu trocknen. Nach der Siesta (ja, ich bin immer noch die einzige, welche eine Stunde Siesta benötigt) gehen wir zurück ins Zentrum, um den Ort zu besichtigen und um von der Burg aus die weite flache Gegend auf uns einwirken zu lassen.

In weiter Entfernung kann man bereits die Umrisse von Évora sehen, der Hauptstadt des Alentejo.

**10** Viana do Alentejo – Évora, 30 km, Regen

Während der Nacht hat es stark geregnet und das macht unsere Entscheidung leichter, auf die lange und schwierige Etappe zu verzichten und mit dem Bus nach Évora zu fahren. Der einzige Bus fährt bereits um 08.15 Uhr und gegen 9 Uhr sind wir schon in Évora. Mit dem so gewonnenen halben Tag haben wir nun die Möglichkeit, eine Sehenswürdigkeit zu besichtigen, die 30 km ausserhalb von Évora liegt.

## Évora

Évora ist die Hauptstadt der Region Alentejo und zählt zum Weltkulturerbe. Bekannt ist die Igreja (Kirche) São Francisco und die anschliessende Knochenkapelle, sowie der römische Tempel.

Unsere Unterkunft (Residencial Policarpo) befindet sich in einem uralten Palast im alentejanischen Stil. Es ist natürlich zu früh zum Einchecken, aber wir können unseren Rucksack schon mal deponieren und machen uns auf, zu Fuss einige Sehenswürdigkeiten zu besichtigen. In der Nähe befindet sich der römische Diana Tempel, das Museum Palacio Cadaval und die schöne Pousada. Nach dem Rundgang gehen wir zum Kaffee in die Pousada, besichtigen anschliessend noch die Kathedrale und gehen danach hinunter zum Hauptplatz, der Praça do Giraldo. Nach dem Mittagessen verhandeln wir mit einem Taxifahrer den Preis für die Besichtigung von Almendres. Den Hinweis für diese neolithische Fundstelle habe ich in meinem Portugal Führer des Michael Müller Verlages gefunden und eine Kopie der Seiten mitgenommen. Auf langen Pilgerreisen weiss man im Voraus nie, ob die Zeit und die örtlichen Verfügbarkeiten für solche Seitentrips reichen. Aber durch die Einsparung der Etappe Viana do Alentejo – Évora reicht es heute.

In einem Wiesenstück steht der Steinkreis von Almendres, ein Pendent zu Stonehenge in England. Riesige Dolmen und Menhire und es ist beeindruckend!

31

Es regnet immer wieder stark und ich bin froh, dass mich meine gute Regenbekleidung trocken und warm hält. Nach der Besichtigung will Gertraud zu Fuss zurück nach Évora gehen, obwohl sie bereits klitschnass ist. Ursula und ich fahren mit dem wartenden Taxi zurück. Zurück in der Stadt gehen wir in ein Restaurant, um uns mit einem heissen Tee aufzuwärmen. Anschliessend gehe ich ins Policarpo, wo ein Computer zur Verfügung der Gäste steht. Perfekt um meine Mail Schulden zu erledigen.

## 11 Ruhetag in Évora

Am Morgen bleibe ich noch 'zuhause', um die Abweichungen einzelner Etappen zu schreiben und per Mail an Hermann, den Autor des Pilgerführers, zu senden. Danach schicke ich die nicht mehr benötigten Etappenblätter mit den Anmerkungen und Korrekturen per Post nach Hause.

Für das Mittagessen haben Ursula, Gertraud und ich uns verabredet. Im Portugal Reiseführer habe ich den Hinweis auf die Adega do Alentejano in Évora gesehen, die bekannt für ihre authentische Alentejanische Küche ist. Das Restaurant liegt ganz versteckt, aber es ist eine rustikal eingerichtete Adega mit viel Charme.

Ich bestelle eine Açorda Alentejana, eine Brotsuppe mit Blattkoriander, Knoblauch, Eier und Brot welche köstlich schmeckt. Zu Hause werde ich sicher versuchen, dieses Gericht zu kochen.

Am Nachmittag besichtigen wir noch die Kirche São Francisco und die daneben liegende Knochenkapelle. Makaber oder eher gruslig?

Ab morgen gehen wir weiter und so setzen wir uns noch zusammen, um die folgenden Etappen zu besprechen. Wieder erwarten uns schwierige Entscheidungen.

## 12 Évora – Estremoz, Wetter veränderlich

Von Évora bis Evoramonte sind es über 30 km und dort hat es leider keine Übernachtungsmöglichkeit mehr. Ich hatte seit Wochen versucht, die Unterkunft per Mail oder Telefon zu kontaktieren, aber keinen Bescheid erhalten.

Und so entscheiden wir uns, auf die Etappe zu verzichten und in Ermangelung einer geeigneten Busverbindung mit einem Taxi nach Evoramonte zu fahren. Nach der Besichtigung der imposanten Burg fahren wir weiter bis zur Abzweigung für die Via Lusitana in Junceira. Von dort aus gehen wir die Etappe nach Estremoz, und die ist mit 22 km genau richtig.

Es ist eine sehr schöne Strecke auf Naturwegen und vorbei an Korkeichenwälder. Immer wieder blicken wir zurück auf die Burg von Evoramonte und fotografieren sie aus den verschiedensten Blickwinkeln bis Gertraud den Spruch 'Evoramonte die fünfzigste' lanciert.

Nach einem idyllisch gelegenen See teilt sich der Weg. Es hat keine Hinweistafel und die Beschreibung passt gar nicht. Gertraud meint, dass die beschriebene rechte Abzweigung etwas zurück liegt und geht den Weg zurück. Ursula und ich denken, dass wir noch ein kleines Stück dem Weg folgen sollten. Dann kommt uns ein Ehepaar entgegen, das sich in der Gegend auskennt, und sie bestätigen unsere Vermutung. Nach kurzer Zeit kommt die beschriebene Abzweigung nach rechts. Ich rufe Gertraud an. In der Zwischenzeit hat sie aber bemerkt, dass ihr Weg nur ins Dickicht führte und ist bereits auf dem Weg zu uns.

In der Zwischenzeit ziehen dunkle Wolken auf. Wir ziehen unsere Regenjacken an und essen etwas im Stehen. Danach gehen wir weiter. Nach kurzer Zeit kommt die Abzweigung, gemäss derer wir rechts gehen müssen. Die Sonne zeigt sich wieder und wir gehen diesem Weg entlang, der uns noch einige Pfadfinder Fähigkeiten abverlangt. Nach einer

Falschinterpretation mit 1 km Umweg, finden wir aber den richtigen Weg und kommen bei dem beschriebenen Stopp Schild auf die Strasse. Ab da geht es noch 6.5 km auf der spärlich befahrenen Strasse stetig aufwärts. Ich merke, dass mir auf der heutigen Etappe die Ruhepausen mit Sitzgelegenheiten gefehlt haben. Ich komme an meine Grenzen. Ursula und Gertraud sind noch topfit und ziehen davon. Irgendwann erreiche auch ich die Bar Mira Serra am Ortsrand und bin froh, mich endlich setzen und meine Beine ausstrecken zu können. Nachher geht es ins Zentrum von Estremoz, zu unserem gebuchten Hotel.

Mein Körper fühlt sich ausgekühlt an und während Ursula unter der Dusche ist, lege ich mich für eine halbe Stunde ins Bett. Anschiessend gehen wir drei zusammen zum Mittagessen.

**13** Estremoz – Fronteira, 32 km, sonnig

Gestern Abend waren wir alle zu müde, um noch zur Burg von Estremoz hinaufzusteigen und haben diese Besichtigung auf heute Morgen verschoben.

Estremoz ist eine kleinere Stadt mit ca. 10'000 Einwohner, nahe der Grenze zu Spanien. In früheren Jahren wurde hier hochwertiger Marmor abgebaut. Aufgrund der schlechten Auftragslage mussten aber alle vier Marmorbrüche stillgelegt werden. Heute könnte man, auf Voranmeldung im Tourismusbüro, einen der stillgelegten Marmorbrüche besichtigen.

Hoch über der Stadt befindet sich die Burg (Castelo), in der heutzutage das Luxushotel Pousada Rainha Sta. Isabel untergebracht ist. Auf dem Platz vor dem Castelo befindet sich die Marmorstatue von Isabel I., welche die meisten Fotografen in den Bann zieht. Im Morgenlicht sieht sie wunderschön aus, eine Art von Transparenz.

Wieder müssen wir die Etappe anpassen. 32 km sind für Ursula und mich zu viel. Gertraud könnte sie schon gehen aber da sie aus Zeitgründen nur noch 2 Tage mit uns gehen kann, entscheidet sie sich, einen Teil mit uns zu fahren.

Um 11 Uhr fahren wir bis nach Santo Amaro. Ab hier gehen wir zu Fuss auf einer kleinen Landstrasse bis nach Fronteira. Es sind ca. 15 km und mit dem späten Aufbruch gut machbar. Das Wetter ist perfekt zum Wandern und die Ausblicke über das weite unverbaute Land sind sehenswert. Schon bald sehen wir in der Ferne die grossen Silos von Fronteira, aber es sind noch viele Kilometer bis dahin. Nach 13 Uhr steht wie gewünscht ein Bushäuschen an der Strasse und das bietet immer eine gute Sitzgelegenheit für die Pause. Gegen 15 Uhr treffen wir in Fronteira ein und gehen direkt in die Bar der freiwilligen Feuerwehr. Gemäss dem Outdoorführer kann man bei der Feuerwehr übernachten und so fragen wir nach einem Quartier. Für Samstag ist ein Pferderennen geplant und wir bringen die freiwillige Feuerwehr in echte Nöte. Zuerst bitten sie uns zu warten, dann versuchen sie ein Zelt zu organisieren, aber alles wird für den Pferde Anlass benötigt. Schlussendlich findet sich eine Unterkunft im nächsten Ort, in Cabeço de Vide. Es ist ein Appartement aus dem Pilgerführer und der Besitzer des Appartements holt uns in Fronteira ab. Wir erhalten ein grosses Appartement mit genügend Platz für uns drei und einem Garten mit Wäscheleinen.

Nach dem Mittagessen im Restaurant der nahe gelegenen Therme besichtigen wir den kleinen Ort. Über den meisten Dörfern thront ein Hügel mit Kirche, Kapelle oder Burg und so steigen wir natürlich wieder hinauf. Auf beiden Seiten der steilen Strasse hat es Seitengassen voll mit blühenden Blumen und oben werden wir mit einer grandiosen Aussicht belohnt. Wir schauen auf das Land herab, durch das wir heute gelaufen sind.

Wäsche waschen beim Pilgern
Um das Gewicht eines Pilger-Rucksackes so tief wie möglich zu halten, ist man gut bedient, wenn man so wenig wie möglich mitnimmt. Wenig Kleider dabeizuhaben, bedeutet aber auch, immer wieder waschen zu müssen. Und wenn man, wie heute, einen grossen Garten mit Wäscheleinen und sonnigen Temperaturen vorfindet, dann überlegt man nicht lange. Dann gibt es auch wieder mal eine grössere Wäsche.

**14** Fronteira – Cabeço de Vide, 12 km, Sa. 23. April

Ursula und ich haben uns entschieden, eine weitere Nacht hier zu bleiben und die Etappe Fronteira – Cabeço de Vide heute noch zu gehen. Gertraud geht weiter, da sie in wenigen Tagen die Heimreise antreten muss.

Wir frühstücken alle zusammen im Café do Mercado, bevor wir Gertraud verabschieden. Sie geht heute die 14 km bis nach Alter do Chao, Ursula und ich fahren mit dem Taxi zurück nach Fronteira.

Zuerst besichtigen wir die Anlage wo der Pferde Event stattfindet und schauen noch, wo unser Weg nachher aus dem Dorf herausführt. Im Restaurant O Poste kehren wir zum Mittagessen ein und erhalten ein schmackhaftes Mittags-Menü zu einem unglaublich günstigen Preis, 8.55 € inkl. Getränk und Kaffee!

Gut gestärkt gehen wir gegen 13 Uhr los. Nach dem Kreisel geht es sofort auf einen Naturweg, Das Wetter hat aufgeklart und die Farben kommen nun besonders gut zur Geltung. Auf unserem Weg kommen uns die Reiter des Enduro Rennens entgegen. Interessiert schauen wir zu wie sie eine Furt mit Wasser durchqueren. Nach 3 Stunden sind wir wieder zurück in Cabeço de Vide. Ich benütze die Ruhephase, um die Haare zu waschen und in der warmen Sonne trocknen zu lassen.

Anschliessend gehen wir ins Dorf, um eine Bar für einen Apéro zu suchen und werden schlussendlich auch fündig. Die kleine Bar ist ein Familienbetrieb und wir fühlen uns wie zuhause. Zum Weisswein werden köstliche Oliven gereicht. Wir werden uns noch lange an diese nette Runde erinnern.

**15** Cabeço de Vide – Alter do Chão, Sonntag, 14 km

Wir stehen um 06.45 Uhr auf und nach der Morgentoilette packen wir die restlichen Dinge in unsere Rucksäcke. Die Besitzerin des Café Municipal hat uns gestern zugesichert, dass sie um 07.30 Uhr öffne. Auch am Sonntag!! Wir sind 5 Min. zu früh und alles ist noch dunkel. Aber die Wirtin kommt pünktlich und macht uns auf. Wir sind glücklich, vor allem Ursula, die ohne Kaffee nicht gerne losmarschiert. Nach 8 Uhr gehen wir los. Bis zur Therme gehen wir auf der Strasse, ab da auf Naturwegen. Wenig später sehen wir den ersten Pfahl mit dem Santiago Zeichen und auch diverse gelbe Pfeile. Was für ein Vergnügen, einfach gehen zu können, anstatt immer wieder das Buch konsultieren zu müssen.

Die Vegetation ist üppig und riesige Büsche mit Stech-Ginster säumen unseren Weg. Wir hören die Nachtigallen, sehen einen grossen Hasen (ein Rammler?) und entdecken noch einen Greifvogel, möglicherweise ein Bussard?

Es ist eine großartige Etappe und wir sind natürlich wieder ganz allein unterwegs. Die heutige Etappe führt uns über Alter Pedroso, ein schmuckes Dorf auf einem Hügel gelegen, von welchem wir unser Etappenziel bereits sehen können. Gegen 13 Uhr erreichen wir den Ort Alter do Chão und gehen direkt zu unserer Unterkunft, Residencial Patio Real.

Gertraud war gestern hier und hat für uns die Zimmer reserviert, da ab heute, während 3 Tagen ein grosses Fest stattfindet. In Patio Real befindet sich auch das einzige gute Restaurant. Alle Tische sind besetzt und wir müssen ganze zwei Stunden warten bis wir einen Tisch erhalten. Aber die Wartezeit hat sich mehr als gelohnt. Wir werden mit sehr gutem Essen verwöhnt.

Gegen Abend besichtigen wir den Ort, der voll von Menschen ist. Wir bleiben immer wieder bei diversen Konzerten stehen und hören der Musik zu. Anschliessend schlendern wir noch durch die Gasse mit den Marktständen. Nach einem

Schlummertrunk wird es Zeit, ins Bett zu gehen. Mit der Musik und den vielen Menschen im Garten des Patio Real werden wir sicher bis in die frühen Morgenstunden beschallt. Aber nein, es ist zum Glück sehr ruhig.

**16** Alter do Chao – Flõr da Rosa, 25. April, Feiertag

Ich bin um 7 Uhr hellwach. Bei uns ist die Bar noch geschlossen, obwohl in der Küche schon gekocht wird. Wir haben Glück und finden im Ort eine Bar für unser Frühstück. Um 8 Uhr gehen wir los. Es ist schönstes Wetter, Sonne pur, und mit 15 km ist die heutige Etappe nicht allzu lang. Unser Weg führt zuerst 3 km auf der Strasse, bis zum einem Pferdegestüt. Es ist die Coudelaria de Alter do Chão, das grösste Pferdegestüt Portugals. Wir könnten das Gestüt um 11 Uhr besichtigen, aber das kostet uns zu viel Zeit. Immerhin sehen wir die edlen Pferde der Rasse Lusitaner über die Steinmauer hinweg. Nach der Fotosession gehen wir weiter.

Es ist ein wunderbarer Morgen. Der Weg führt lange einer schwach befahrenen Landstrasse entlang. Traumhaft schöne Vegetation und sehr gute Markierung. Die Conselhos (Gemeinden) Crato und Nisa haben den Caminho (Weg) markiert. Das macht das Gehen so viel einfacher.

Irgendwann geht der Weg rechts ab und führt in einen lichten Wald. Unglaublich schön! Wir machen unsere Pause, ganz umgeben von wilder Natur. Beim Weitergehen geraten wir an eine Wegverzweigung, an welcher die Markierung fehlt. Wir entscheiden uns für die rechte Aufwärts-Route und gehen ca. 20 Minuten ohne Pfeile. Weil vorher alle Kreuzungen so gut markiert waren, beschleicht uns jetzt ein ungutes Gefühl. Auf dem Hügel angekommen, sehen wir in einiger Distanz Crato und dann entdecken wir auch wieder einen gelben Pfeil. Ab da ist der Weg zum Glück wieder gut beschildert.

Nach einer Weile versperrt uns ein grosser Hund den Weg. Es ist ein Herdenschutzhund, der eine kleine Schafherde bewacht und er knurrt uns bedrohlich an. Seine Tiere befinden sich auf unserem Weg. Zuerst rufen wir laut, da wir einen Hirten bei dem kleinen verrotteten Stall vermuten. Aber es ist Niemand da. Wir versuchen den Weg zu umgehen, aber die Weiden auf der linken Seite sind sumpfig.

Also beginne ich ganz laut zu rufen ANDA ANDA. Ursula schaut mich ungläubig an und fragt 'was rufst du da'? Ich erkläre ihr, dass bei uns in den Bergen die Sennen ihre Tiere auch mit lauten Rufen zusammentreiben. Ich wiederhole immer wieder ANDA ANDA und setze langsam einen Fuss vor den anderen. Der Hund bewegt sich nun auch langsam, aber im Rückwärtsgang, ohne uns zwei aus den Augen zu lassen. Schliesslich macht sich die Herde von dannen und der Hund folgt ihnen. Weg frei!!

Kurz darauf erreicht der Weg eine Furt und wir messen mit unseren Wanderstöcken, wie tief das Wasser ist. Zu tief, um die Furt trockenen Fusses zu durchqueren. Also Schuhe und Socken aus, Hosen hochkrempeln und dann durch das Wasser waten. Am anderen Ufer die Füsse trocknen und Socken und Schuhe wieder anziehen. Eine interessante und abwechslungsreiche Etappe.

Heute übernachten wir in der Pousada Flôr da Rosa in Crato. Nach dem Mittagessen mache ich meine übliche Siesta, während Ursula auf der Terrasse die Stille dieser schönen Landschaft geniesst. Anschliessend besichtigen wir die geschichtsträchtigen Gebäude der Pousada. Nach der Besichtigung gehen wir in den kleinen Ort zu einem Aperitif. Anschliessend geniessen wir auf der Terrasse unseres Zimmers den Blick auf den wundervollen Abendhimmel, welcher sich in den intensivsten Orangetönen zeigt.

42

Pousadas de Portugal.

Die Bezeichnung Pousada steht im portugiesischen für Gasthaus oder Herberge. Der Name ist ein eingetragener Markenname und darf nur von 'Pousadas de Portugal' oder 'Pousadas de Juventude' (Jugendherbergen) verwendet werden.
Pousadas de Portugal findet man in historischen Gebäuden, in Klöstern, Burgen, Schlössern, Landhäusern oder auch an traumhaft schönen Lagen.

Die Pousada Flõr da Rosa liegt in der Gemeinde Crato. Sie entstand aus dem Kloster Santa Maria de Flór da Rosa und setzt sich aus verschiedenen Gebäuden zusammen, Kirche und Festung, der gotische Burgpalast und die verbleibenden Nebengebäude des Klosters im Renaissance- und Mudejar-Stil.

**17** Flôr da Rosa – Alpalhão, 16 km, sonnig, 24° warm

Zur Abwechslung ist es schön, in einem gediegenen Hotel zu übernachten und in einem wunderbaren Bett schlafen zu können. Mit dem reichhaltigen Frühstücksbuffet beginnt unser 15. Pilgertag, der uns nach Alpalhão führen wird.

Ab Flôr da Rosa folgen wir einer Abkürzung, die uns direkt auf den offiziellen Weg führt, und ab da ist es wieder sehr gut markiert. Naturwege, üppige Blumenwiesen, 2 Hasen, und ein Rebhuhn Paar das knatternd davonfliegt. Dazu hören wir unglaublich viele und laute Nachtigallen.

Der Weg ist teilweise abenteuerlich. An einer Furt müssen wir den vollgelaufenen Weg über glitschige Steine und durch Gebüsch vorsichtig umgehen. Zweimal machen wir eine Pause und jedes Mal finden sich Steine, auf die wir uns setzen können. Das ist auf Pilgerwegen auf der Iberischen Halbinsel eine Seltenheit, aber immer gerne gesehen.

Danach folgen einige Kilometer durch Eukalyptus Wälder. Diese Wälder scheinen tot. Kein Vogel pfeift und kein Tier hüpft. Das habe ich auch in den Eukalyptus Wäldern in Galicien immer wieder bemerkt. Zum Glück führt der Weg danach bald wieder durch Mischwälder und das laute Vogelgezwitscher ist sofort wieder zurück. Um 14.30 Uhr erreichen wir Alpalhão und nach einigem Umherfragen finden wir ein offenes Restaurant. Es ist ja schon 14.30 Uhr und wir fragen vorsichtig, ob wir eventuell noch etwas zu Essen erhalten könnten. Die Bedienung bejaht freundlich und heisst uns herzlich willkommen.

Wir essen vorzüglich. Ich bestelle einen Salat und ein Entrecôte aus dem Ofen (no forno). Wie immer nur eine halbe Portion (meia dose). Der Salat ist gartenfrisch und schmeckt köstlich. Die halbe Portion ist so gross, dass auch das für mich noch zu viel ist. Ich lasse mir die andere Hälfte des Fleisches einpacken. Das werde ich morgen unterwegs als Proviant essen.

Für heute habe ich noch keine Unterkunft reserviert. Im Pilgerführer sind 2 Unterkünfte aufgelistet. Ich schaue bei Booking.com nach und sehe, dass in der Quinta dos Ribeiros nur noch ein Zimmer verfügbar ist. Also rufe ich dort an und wir erhalten ein schönes Zimmer auf dem Landgut. Die Quinta liegt ca. einen Kilometer ausserhalb des Ortes in Richtung Süden, also wieder rückwärts. Aber ein Kilometer sind ja nur 15 Minuten. Der Besitzer spricht sehr gut Englisch und möchte von uns wissen, woher wir kommen und wohin wir gehen werden. Wie die meisten Portugiesen, ist auch er erstaunt, dass wir sein Land vom Süden in den Norden zu Fuss durchwandern. Seine Bewunderung schmeichelt uns natürlich.

## Obrigado resp. Obrigada

Seit ich in Portugal bin, bemerke ich beim Wort 'Danke' oft Abweichungen der Portugiesen zu meinen eigenen Sprachkenntnissen. Ich habe gelernt, dass 'Obrigado' von Männern angewendet wird, für Frauen dagegen gilt das feminine 'Obrigada'. Da der Besitzer der Quinta sehr gut englisch spricht frage ich ihn, warum so viele Frauen auch die maskuline Form verwenden. Er erklärt uns, dass viele Portugiesen sich leider nicht um die Grammatik ihrer Sprache interessieren würden. Schade!

## 18 Alpalhão – Nisa, knappe 5 Stunden zu gehen, sonnig

Die ersten 8 km führt der Pilgerweg über eine Landstrasse, die aber trotz Verkehr gut zu gehen ist. Dann folgen wir der Beschreibung auf einem alten Römerweg, der mit Pfählen, Pfeilen und alten Wegsteinen markiert ist.

Allein - wie könnte es anders sein? Wir sind wieder die einzigen Menschen unterwegs. Wir befinden uns eine ganze Weile in einem UNESCO Geopark mit vielen Blumen, Bruchsteinmauern und riesigen Buckelfelsen. Auf den Weiden hat es Kühe, Schafe und viele Störche, aber eben keine Menschenseele. Nach einer Stunde erreichen wir die Ribeira (Flussufer) und ab da laufen wir eine weitere Stunde durch feuchte und sehr nasse Wege. Am Weg passieren wir einen alten Baum mit ausladenden Ästen. Immer wieder bleiben wir stehen und fotografieren diese unglaublich archaische Landschaft. Irgendwann kommen wir zu der Stelle, die im Pilger Führer mit 'genial eng gesetzte Steine' beschrieben ist. Der Fluss führt viel Wasser.

Wir haben hier zwei Möglichkeiten:

Über die hohen Steine balancieren und zu hoffen, auf keinen Fall samt Rucksack ins Wasser zu fallen. Oder, Schuhe, Socken und Hosen auszuziehen und in den Crocs durchs Wasser zu waten.

Ursula geht als erste über die Steine und kreischt bei jedem Schritt laut auf. Die Steine sind ca. 1 Meter hoch und einige stehen bedenklich schief. Mit dem Rucksack erfordert das Mut und Balance. Es besteht ja auch immer die Angst zu fallen. Das Wasser wäre ja nicht das grösste Problem, sondern sich etwas zu brechen.

Ich versuche auch zwei Steine, getraue mich dann aber nicht weiter und ziehe den Rückzug an. Danach wate ich gemächlich durchs Wasser. Hier bevorzuge ich den englischen Spruch: Better save than sorry.

46

Nach diesem Furt-Abenteuer sind wir beide zufrieden mit unserer gewählten Variante. Bald nachher erreichen wir Nisa, unseren heutigen Etappenort. Für heute Nacht haben wir eine Zimmer Reservation für zwei Nächte getätigt, da wir die folgende Etappe wieder in zwei Tagesetappen teilen müssen.

Zuerst kehren wir zum Mittagessen ein. Danach gehen wir zum Residencial São Luis von José Monteiro. Er ist ein Santiago Pilger der ersten Stunde und hat die Beschriftungen für die Via Lusitana für den Concelho Nisa und Crato gemacht. Dank ihm konnten wir die letzten Tagesetappen so richtig geniessen.

Heute müssen wir keine Wäsche waschen, denn José bietet uns an, unsere Wäsche in der Maschine zu waschen. Das nehmen wir natürlich sehr gerne an. Etwas später steht die Besichtigung des Städtchens an. Nisa hat etwas über 3'000 Einwohner, hat aber trotzdem ein städtisches Flair.

Ich schicke wieder ein kleines Packet nach Hause. Um das Gewicht des Rucksacks nochmals zu minimieren, habe ich den Pilgerführer in zwei Teile gerissen und den ersten Teil in ein Couvert getan. Dann lege ich noch die Papierseiten mit den Updates bis hierher dazu. Natürlich ist das nicht viel Gewicht, aber es sind immerhin 200 - 300 Gramm.

Nach der Besichtigung und dem Gang zur Post setzen wir uns zu einem Apéro bei unserem Residencial hin. In Portugal werden die Gläser immer randvoll eingeschenkt, nicht wie bei uns nur bis zur Eichlinie.

José setzt sich kurz zu uns und wir erklären ihm unsere Pläne für die nächsten 2 Tage.

## 19 Nisa -Salavessa, Sonne pur, 24°

Wir werden die 14 km bis zum Bergdorf Salavessa ohne Rucksack gehen. Weil dort keine Möglichkeiten zum Übernachten bestehen, wird José uns abholen und uns zurück nach Nisa fahren. Am Folgetag fahren wir mit Gepäck nach Salavessa und gehen von dort am Hochufer des Flusses Tejo entlang. Eine interessante Strecke, auf die wir uns sehr freuen.

Der Weg führt einer spärlich befahrenen Strasse entlang. Bei einem Wäldchen sehen wir viele gelb-schwarze Vögel, die in 2-3er Gruppen wild umher fliegen. Sie bewegen sich so schnell, dass wir keine Chancen haben, sie zu fotografieren. Im Internet suche ich am Abend diese Vögel und meine, es könnten Pirole sein.

Nach ca. 2 Stunden erreichen wir die Kirche Santa Maria de la Graça, welche auf einem Hügel liegt. Leider ist sie verschlossen. Dann führt der Weg um den Hügel herum auf eine sehenswerte romanische Brücke hinunter und wir entdecken dann auch den Wasserkanal, der sich den Berghängen entlang zieht. Weiter führt unser Weg in ein kleines Dorf, Pé da Serra. Unterwegs hat es viele Trockensteinmauern, welche in den verschiedensten Techniken aufeinander geschichtet sind. Mir gefallen solche Bauwerke sehr, die in früherer Zeit mit einfachsten Mitteln erstellt wurden.

Um 13 Uhr erreichen wir das kleine Bergdorf Salavessa. Im Pilgerführer steht geschrieben, ´das Dorf der schwarzen Frauen´. Vor den Steinhäusern sitzen alte Frauen in ihren schwarzen Kleidern. Eine häkelt, eine andere putzt einen Tisch und eine weitere schaut zu einem kleinen Kind. Im kleinen Laden fragen wir nach einem Kaffee und werden sehr freundlich bedient. Es hat sich anscheinend umher gesprochen, dass zwei fremde Frauen zu Fuss hier sind und wir werden neugierig gefragt, woher wir kommen und was wir hier machen? Auf einem Foto sieht man Ursula, die mit

48

zwei der schwarz gekleideten Frauen spricht und ihnen mit Hilfe der Hände erklärt, dass sie Ursula heisse und aus Alemanha (Deutschland) sei. Eine Frau zeigt auf mich und will wissen, ob ich auch Deutsche sei. Ich erkläre ihr, dass ich Schweizerin sein. Sie kennt beide Länder, da viele Portugiesen in den späten 60-iger Jahre in unsere Länder emigriert sind, um zu arbeiten.

Bald kommt José, um uns abzuholen. Auf der Fahrt nach Nisa macht er mit uns noch einen Umweg, um uns die Geierkolonie bei Vila Velha de Rodão zu zeigen. Hierher werden wir morgen von Salavessa aus wandern.

**20** Salavessa Vila Velha de Rodão, 13 km

Am Morgen hat es noch Schleierwolken. José bringt uns mit dem Auto nach Salavessa, damit wir die beschriebene 'Traumroute' an das Ufer des Flusses Tejo laufen können. Zuerst geht alles bergabwärts. An einer Stelle führt der Weg auf einen Trampelpfad. Wenn dieser Abzweig nicht so exakt beschrieben wäre, dann wären wir sicher dem Hauptweg gefolgt und nach ca. 2 Stunden am Ufer des Tejo gelandet. In früheren Zeiten sind die Pilger diesen Weg gegangen und mit einer Fähre konnten sie ans andere Ufer übersetzen. Aber das ist lange her und seit vielen Jahren hat es keine Fähre mehr.

Wir folgen also genau der Beschreibung im Führer und gelangen nach einiger Zeit auf einen Panorama Trail, der sich dem Hochufer des Tejo entlang zieht. Diesen grossen Fluss so träge dahinfliessen zu sehen ist einfach spektakulär.

Nach einer Weile liegt auf dem fast zugewachsenen Pfad eine grosse Felsformation. Aus der Ferne denkt man, dass hier kein Weiterkommen möglich ist, doch je näher wir kommen, desto klarer wird die Beschreibung des Weges. Hermann schreibt von einem Felsdurchgang und wirklich, da ist der Spalt im Felsen, durch den sich der Weg bahnt. Dahinter hat es einen Picknickplatz mit Tisch und einer Bank. Luxus pur!

Danach steigt der Weg in die Höhe und wir sehen den Fluss wieder. Er ist jedoch etwas weiter entfernt als zu Beginn. Das Wetter ist perfekt, Sonne, wenig Wolken und eine angenehme Temperatur. Nach 13 Uhr erreichen wir den Etappenort Vila Velha de Rodão und suchen unsere Unterkunft. Es ist schwierig. Niemand scheint das Sportzentrum zu kennen und es dauert eine geschlagene Stunde, bis wir die Anlage und auch den Eingang endlich gefunden haben. Der grosse Sport-Komplex ist noch leer. Später in der Saison trainieren auf den zahlreichen Anlagen viele Sportvereine. Jetzt sind aber nur wenige Gäste hier.

In einem Restaurant in der Nähe nehmen wir unser Mittagessen ein.

Nach der Siesta machen wir uns an die Detailplanung der folgenden fünf Etappen und reservieren unsere Zimmer. Alles funktioniert wie gewünscht, einzig die Übernachtung in Castelo Novo scheint problematisch zu werden. I

n diesem Bergdorf hat es nur zwei Unterkünfte. Die eine ist wegen Ferien geschlossen und bei der anderen, Casa Petrus Guterri, ist die Besitzerin zurzeit abwesend. Ich suche einen Nachmittagskurs zum nachfolgenden Etappenort und werde fündig. Wenn alle Stricke reissen, könnten wir mit dem Bus nach Fundão fahren, dort übernachten und am folgenden Morgen mit dem Morgenkurs zurück nach Castelo Novo fahren und die Etappe zu Fuss zurücklegen.

## Zusammenfassung Alentejo

Mit der Überschreitung des Rio Tejo haben wir die Provinz Alentejo verlassen. Was hat uns bis hierher gefallen? Wo waren die Schwierigkeiten, wenn es denn solche gab?

Der Alentejo, diese grösste Provinz Portugals, mit vielen Kork- und Steineichen, die Getreidekammer von Portugal, hat mich überrascht und begeistert. So eine schöne und abwechslungsreiche Landschaft, voll mit üppig blühenden Blumen und Sträuchern. Historisch interessante Städte, aber auch immer wieder kleine schmucke Dörfer in denen leider nur noch wenige Einwohner leben. Einzigartig waren auch die beiden Tages-Etappen, welche an den Hochufern der Flüsse Guadiana und Tejo entlang führten. Ich fühle mich privilegiert, solche Wege gehen zu dürfen die selbst den wenigsten Portugiesen bekannt sind. Dazu kommt das gute Essen, immer mit frischen Zutaten aus der Region zubereitet. Und nicht zu vergessen sind die Portugiesen. Diese Menschen sind so liebenswert und hilfsbereit. Wir fühlten uns wirklich willkommen.

Schwierigkeiten, wenn man das so bezeichnen kann, waren die fehlenden Markierungen. Wir hatten uns in der Planungsphase einen Alternativplan festgelegt. Sollten wir unterwegs scheitern, dann würden wir diesen Weg abbrechen und mit Bahn oder Bus auf die spanische Seite wechseln und die Via de la Plata laufen. Zum Glück mussten wir nicht auf unseren Alternativplan zurückgreifen.

Am Anfang hat uns das Zeitmanagement etwas aus dem Konzept gebracht. In Portugal wird das Frühstück eher spät serviert und so konnten wir am Anfang erst zwischen 8 und 9 Uhr losgehen. Mit Etappen von 5 bis 7 Stunden wurde es durch den späten Start immer knapp fürs Mittagessen. Zusätzlich haben wir durch die Suche nach dem richtigen Weg anfangs viel Zeit verloren. Aber mit den Wochen wurde es besser.

↑ Salz Lagune bei Castro Marim /Río Guadiana ↓

53

↑ Korkeichen / Margrit W., Ursula A. und Gertraud B. ↓

54

↑ Wege durch die Einsamkeit des Alentejo ↓

↑Ein schwarzer Hund begleitet uns 20km bis nach Mértola↓

↑ Landschaftsbilder unterwegs ↓

↑ Farbige Blütenpracht im Vale de Russins

↑Vor Cuba / Wallfahrtskirche bei Viana do Alentejo↓

↑Évora, Hauptstadt des Alentejo/Dolmen & Menhire↓

Marmorstatue Rainha Sta. Isabel / Wasser Welten

Noch eine Furt, diesmal mit viel Wasser

# TEIL ZWEI

## VOM TEJO DURCH DIE BEIRAS BIS ZUM DOURO

**21** Vila Velha de Rodão – Castelo Branco, schön, 32 km

Die heutige Etappe ist mit 32 km zu lang für uns und so haben wir entschieden, bis nach Val de Pousadas zu fahren und von dort aus die restlichen 17 km zu gehen.

Gleich zu Beginn schon finden wir die Beschreibung schwierig. Gemäss Auskunft der Wirtin des kleinen Cafés sollen wir einfach immer geradeaus gehen. Solche Auskünfte scheinen klar zu sein, sie sind es aber nicht immer. Wir gelangen an eine T-Kreuzung, die in der Beschreibung nicht vorkommt. Wir gehen rechts. Bald kommen wir zu der Stelle, die in Hermanns Beschreibung mit einem gelben Pfahl mit der Nummer 10001 definiert ist. Ab da stimmt nichts mehr überein. Wir folgen dem Weg weiter und stossen nochmals auf einen gelben Pfahl mit der Nr. 10001.

Bei einer Kreuzung, die wir glauben korrekt interpretiert zu haben, gehen wir links. Wir befinden uns in einer Talsenke und können uns nicht orientieren. Unser Weg führt an einem Speichersee, einem grösseren verlassenen Bauernhof und einer grossen Schafherde vorbei.

Vor uns liegt ein Bergrücken und ein Weg in einer Brandschneise führt steil dort hinauf. Oben angekommen treffen wir auf einen von links herkommenden Weg und sehen auch gleich ein Wegzeichen. Jetzt stimmt die Beschreibung wieder mit dem Weg überein. Zufrieden machen wir eine Pause und geniessen die Aussicht die bis zu den Ufern des Tejo reicht.

Auf dem Bergkamm führt der Weg weiter und nach einigen Stunden erreichen wir den Ort Retaxo. Gemäss der Empfehlung im Pilgerführer fahren wir ab hier mit der Bahn

63

bis nach Castelo Branco. Zuerst aber müssen wir noch die unendlich langen 4 km bis zum Bahnhof laufen.

Castelo Branco ist die Distrikts Hauptstadt der früheren traditionellen Provinz Beira Baixa mit ca. 35'000 Einwohnern. Es ist eine lebhafte moderne Stadt, in welcher sich der sehenswerte Jardim Episcopal (Garten des Bischofspalastes) befindet. Ein barocker Garten mit einer grossen Anzahl von imposanten Statuen. Die Statuen verkörpern die vier Jahreszeiten, die zwölf Apostel, die fünf Kontinente, die zwölf Sternzeichen und die Tugenden. Sehenswert sind auch die chronologisch angeordneten Skulpturen der portugiesischen Könige, die die Treppenaufgänge schmücken.

Auf dem Weg vom Bahnhof zum Hotel kehren wir zum Mittagessen ein. Ein sehr grosses, lichtdurchflutetes, Lokal in dem gegen 15 Uhr noch alle fast alle Tische besetzt sind. Natürlich, heute ist ja Samstag und die Portugiesen gehen am Wochenende gerne im Familienkreis essen.

Heute sind wir beide etwas geschafft, da wir die Etappe relativ anstrengend fanden. Wir haben eine Reservation für 2 Nächte im Residencias Império do Rei, da es am nächsten Etappenort keine Unterkunft mehr gibt. Im Hotel lege ich mich sogleich zur Siesta hin. Später gehen wir noch auf einen Rundgang in die Stadt.

## 22 Castelo Branco – Alcains, 13 km, Sonne pur

Ursula wollte heute schon um 7 Uhr frühstücken. Das wäre aber nicht nötig gewesen, da diese kurze Etappe ohne Rucksack wie ein Spaziergang ist.

Um 8 Uhr gehen wir los. Es bläst eine steife Bise, 28 km/h und wir behalten unsere Jacken bis nach Alcains an. Die Wegführung führt meistens auf kleinen Nebenstrassen. Unterwegs werden wir von einem jungen Bauern angesprochen, da wir die einzigen Fremden inmitten von Portugiesen Familien auf einem Sonntagsspaziergang sind. Gesehen haben wir: Schafe, ein Wiedehopf Paar, Störche, grosse Granit Felsen und eine Eremita.

Alcains ist ein kleiner Ort. Das Residencial A Liria, in welchem man in früheren Jahren übernachten konnte, ist gemäss einer Nachbarin auf dauernd geschlossen. Wir fahren zurück nach Castelo Branco und essen in einem Steakhaus gegenüber des Hotels. So viel Fleisch haben wir schon lange mehr nicht erhalten. Einen Teil lassen wir uns für morgen einpacken.

Am Nachmittag besichtigen wir den berühmten Garten Jardim do Paço Episcopal. Beeindruckend und viele Fotomotive.

Später wollte ich in der Jugendherberge mein Camino Mail Nr. 3 schreiben und verschicken, die JH ist am Sonntag jedoch geschlossen. Also versuche ich es im iPhone, aber konnte es nicht an alle senden. Ich werde morgen weiter machen.

# 23 Lardoso – Castelo Novo, Montag, 2. Mai sonnig, bis 24°

Die heutige Etappe führt uns in die Serra da Gardunha und soll eine Traumetappe sein.

Von Lardoso aus gehen wir in Richtung Soalheira. Zu unserer linken Seite soll der grosse Stausee Santa Águeda liegen, den wir jedoch erst später sehen werden. Unterwegs sehen wir Bienenfresser (bunte Vögel).

In Soalheira, übrigens ein sehr hübscher Ort, entdecken wir zu unserer Freude eine Camino de Santiago Markierung und folgen ihr, ohne lange zu überlegen. Der Weg führt zum Dorf hinaus, die Pfeile sind immer noch da. Nach einer kurzen Pause gehen wir weiter, an sehr einfachen Viehhütten vorbei und der Weg wird immer urchiger. An einer Steinmauer sehen wir noch einen Pfeil und dann stehen wir an einer T-Kreuzung. Ein Weg führt links weg, der andere rechts. Vor uns liegt die Serra (Gebirge). In der Beschreibung können wir nicht erkennen, wo wir uns befinden. Wir entscheiden uns für die linke Variante und gehen ca. einen km auf dem kleinen Strässchen. Als uns ein Bauerngefährt entgegen kommt, fragen wir nach dem Caminho nach Castelo Novo und die Frau sagt, dass wir falsch seien, aber vor uns liegt der Ort São Fiel mit dem grossen Kollegium, und dieser Weg ist als Variante beschrieben.

Beim Parkplatz des Colégio rennen 4 grosse Hunde bellend auf uns zu. Ich schreie laut não – não (nein oder nicht) um sie zu vertreiben. Die Besitzer, Vagabunden, beschimpfen uns, der Platz sei für die Hunde und wir Santiago Pilger können ja gehen. Wir lassen uns nicht auf eine Konfrontation ein und gehen zügig den Berg hinauf. Ich bin noch eine ganze Weile unruhig und schaue mich immer wieder um. Das war die erste unangenehme Begegnung und es sollte auch die einzige bleiben.

Nun folgen 500 Meter Aufstieg auf schönsten Wegen durch die intensiv duftenden Pinienwälder. Immer wieder Blicke zurück auf den im Talboden liegenden Stausee Santa Águeda und bis ins 30 km weit entfernt liegende Castelo Branco. Der Weg führt vorbei an gigantischen Granitformationen.

Um 12.30 Uhr sind wir oben bei der Casa Floresta (Forsthaus) und machen eine kurze Pause. Während des Aufstieges halten wir immer wieder an und fotografieren diese traumhaft schöne Landschaft. Dann steigt der Weg weiter hinauf zum Trigometrischen Messpunkt und somit ist der höchste Punkt dieser Etappe erreicht. Schönstes Wetter, gute Sicht, aber ein kalter Wind pfeift um unsere Ohren.

Nun folgt der Abstieg nach Castelo Novo. Castelo Novo ist ein Bergdorf mit massiven Steinhäusern. Es liegt auf 700 MüM und gehört zu den zwölf historischen Dörfern, den Aldeias Históricas. Es liegt, wie in einem natürlichen Amphitheater, mitten im Gebirge der 'Serra da Gardunha'.

Bei der Tourismus Information erhalten wir einen Pilgerstempel und wir erkundigen uns nach einer Übernachtung. Was für ein Glück. Die Dame kennt die Besitzerin der Casa Guterri und auch ihren Sohn und geht mit uns dorthin. Auf ihr Klingeln öffnet er, und sie erklärt ihm unser Problem. Er selbst hat mit der Vermietung der Zimmer nichts zu tun, klärt aber ab, ob wir evtl. übernachten könnten. Eine Frau, die für seine Mutter arbeitet, erklärt sich bereit, für uns auch das Frühstück am Morgen bereit zu stellen. Wir sind sehr dankbar und glücklich. Die Casa Petrus Guterri ist sehr schön restauriert.

Wir essen im Restaurant O'Lagarto, welches am unteren Ende des Dorfes gelegen ist. Es ist das einzige Restaurant im Ort und bietet vorzügliche Speisen an, wie praktisch jedes Restaurant in Portugal.

**24** Castelo Novo – Fundão, 17km, Sonne pur

Um 06.30 Uhr sehe ich einen schönen Sonnenaufgang. Nach einem reichlichen Frühstück starten wir um 08.45 Uhr. Der Weg führt auf einem alten Römerweg aus dem Dorf hinaus. Dann steigt er teils steil, dann aber wieder moderat, an. Immer wieder blicken wir zurück. Die Aussichten sind überwältigend. Je höher wir steigen, sehen wir auch wieder den Stausee Santa Águeda und da die Sicht so klar ist, können wir in der Ferne auch noch die Umrisse von Castelo Branco sehen.

Wir sind begeistert über den schönen Weg und die traumhaft schönen Ausblicke. Phänomenal!!

Um 11.30 Uhr machen wir eine Mittagspause mit einem Sandwich vom Frühstück. Kurz danach überschreiten wir den höchsten Punkt und blicken begeistert auf eine neue Region mit Fundão und Covilhã herab.

Der Abstieg nach Alcongosta führt teils auf einer breiten Serpentinenstrasse, teils auf unwegsamen Pfaden steil hinunter. Wir kämpfen uns durch dichte Büsche, aber irgendwann erscheint im urwaldähnlichen Gebüsch ein Weg-Stein, auf dem eine Markierung den richtigen Weg weist. Danach bessert sich die Wegführung und bald sehen wir das Dorf Alcongosta. Nach einer Kaffeepause ziehen wir weiter. Es fehlen nur noch ca. 4 km bis nach Fundão, also eine weitere Stunde gemütliches Wandern.

Tage wie heute machen das Pilgern zum reinsten Vergnügen.

Um 14.45 Uhr sind wir in Fundão und begeben uns direkt ins Restaurant Rivoli zum späten Mittagessen. Zum Restaurant gehört auch die Unterkunft Pensão Tarouca, die im Pilgerführer erwähnt ist. Ein zentral gelegenes Haus mit einfachen, aber sauberen Zimmern mit Dusche/WC und mit Wäscheleine vor den Fenstern, um die Wäsche zum Trocknen aufhängen zu können. Am Haus hängt ein Schild mit dem Hinweis 'Best Prices for Pilgrims'. Wir bezahlen für Unterkunft mit Frühstück 12€ und 6€ für das Tagesmenu. Unglaublich.

Obwohl nur wenige Pilger auf der Via Lusitana unterwegs sind, erkennt man uns mit unseren Rucksäcken sofort als Pilgerinnen und heisst uns überall sehr herzlich willkommen.

## 25 Fundão – Covilhã, schön, 27°

Frühstück im Restaurant Rivoli um 07.15 Uhr. Die ganze Etappe wäre ca. 24 km lang und die ersten 8 km führt der Weg der Strasse entlang, vorbei an Ladenketten und Grossverteilern. So lassen wir uns die ersten 10 km bis nach Alcaría fahren. Obwohl wir erst vor einer Stunde gefrühstückt haben, kehren wir in dem kleinen Café noch zu einem Espresso ein. Mit solchen Besuchen möchten wir die kleinen Betriebe entlang des Weges unterstützen. Ein Mann erkennt uns sofort als Santiago Pilgerinnen und holt den Stempel für unseren Pilgerpass.

Um 08.30 Uhr starten wir in Alcaría. Keine gelben Pfeile und leider auch keine Muscheln. Das bedeutet, dass wir immer wieder die Updates konsultieren müssen. Schon bald führt der Weg durch ein Blumenmeer in Violett und Gelb. Teilweise verschwindet der Pfad in den grossen Ginsterbüschen, die den Weg auf langen Strecken säumen. Wenn wir Kinder wären, könnten wir 'Versteckis' spielen.

Der Weg gefällt uns sehr. Es ist keine Menschenseele unterwegs, dafür Pferde, kläffende Hunde, ein Wiedehopf und dann die Ziegen. Aber dazu komme ich später.

Nach der Hälfte der Strecke durchqueren wir den Ort Tortosendo. Eine Cafeteria macht Werbung für frische Pasteís de Nata oder Pastel de Belém – die berühmten portugiesischen 'Puddingtörtchen mit Blätterteig' ziehen uns magisch an. So gestärkt machen wir uns auf den steilen Aufstieg in Richtung Casal da Serra. Wir freuen uns auf diesen Weg, denn er führt einer Flanke der Serra da Estrela entlang, mit interessanter Wegführung und schönen Aussichten in das breite Tal hinunter.

Natur pur! Wir kommen auf einem, kaum als Pfad erkennbaren, Weg daher, als sich plötzlich Ziegen auf unserem Weg befinden. Zuerst denken wir, dass wir leicht an den Tieren vorbeigehen können. Aber nur, bis wir

70

realisieren, dass der grosse Bock und eine weitere Ziege mit Ketten angebunden sind. Die 3 restlichen Ziegen und ein junges Tier können sich frei bewegen. Der Bock geht in Kampfstellung. Klar, er muss seine kleine Herde verteidigen. Die Situation ist folgende: Neben dem Pfad ist links eine grosse Brombeerhecke, rechts eine Steinmauer und auf dem schmalen Pfad die Ziegen. Für uns kein Durchkommen. Also zurück, und weiter hinten steigen wir auf eine Wiese hinauf, die sich oberhalb der Brombeerhecke entlang zieht. So können wir die Gefahr umgehen.

Wegen den vielen Steigungen und den verschlungenen Pfaden empfinde ich die heutige Etappe als relativ streng. Nach Mittag erreichen wir die untere Strasse von Covilhã. Der Weg führt an einer kleinen Parkanlage mit einer Marienstatue vorbei und wir steigen die Treppen hinunter, um die prächtige Aussicht auf die Umgebung anzuschauen. Danach führt der Weg stetig hinauf. Covilhã liegt an einem Hang und das Zentrum befindet sich im oberen Stadtteil.

Vom unteren Stadtteil würde die Standseilbahn Santo André hinauf in die Oberstadt fahren, aber sie ist momentan in Revision. Sie wurde erbaut, um Fußgängern den Zugang zum alten Teil der Stadt zu erleichtern. Neben den 162 Stufen kann man die kostenlose Standseilbahn mit einer Länge von 90 Metern benutzen.

Nach dem Zimmerbezug gehen wir zum Essen in das nebenan liegende Restaurant. Der Speisesaal ist gut besetzt und wir sind, wie immer, die einzigen Ausländerinnen.

Covilhã ist eine Universitätsstadt, auf 670 MüM gelegen. Durch die Universität sieht man auf den Strassen auffallend viele junge Menschen. Am Nachmittag besichtigen wir die Kirche Santa Maria. Diese Kirche liegt im historischen Zentrum von Covilhã und ist ganz mit blauen/weißen Fließen verkleidet, die das Leben der Jungfrau Maria darstellen. Die Kirche gehört zu den schönsten Portugals.

## Regenphase

Gemäss den Wettervorhersagen im TV und gemäss meiner Wetter App wird auf der Iberischen Halbinsel eine Schlechtwetterfront mit heftigen Niederschlägen erwartet. Und zudem soll sie ca. 9 Tage dauern.

Keine Hochgefühle! Denn ab Belmonte soll es in die Berge gehen, in die Serra da Estrela (Sternengebirge). Diese Etappen sind im Buch als besonderes Highlight beschrieben. Unsere Gefühle sind gemischt.

Jeder Pilger wird auf dem Pilgerweg einmal mit Regen konfrontiert. Man liegt im warmen Schlafsack und hört bereits das prasselnde Geräusch des Regens. Sofort ist der Geist hellwach und man geht im Kopf die Tagesetappe durch. Steht irgendwo geschrieben, dass man aufgrund eines steigenden Flusses eine Umgehung gehen soll? Existiert eine Alternative über eine Strasse? Gibt es eine Busverbindung zum nächsten Etappenziel? Und so weiter.

In unserer Situation gilt es, die Etappen und die Strecken für mindestens eine Woche im Geist zu rekognoszieren. Wo liegen Orte und Sehenswürdigkeiten, die wir auch im Regen besichtigen könnten?

## 26 Covilhã – Belmonte, Regen!!

Gestern Abend haben wir noch keine konkreten Pläne für heute gemacht. Man weiss ja nicht, ob sich die Wetterfront wirklich so verhalten wird wie prognostiziert.

Aber es regnet. Wir entschliessen uns, mit dem Taxi zur Puente Romana zu fahren und von da an auf der Strasse bis nach Belmonte zu gehen. Der Ort wo sich die romanische Brücke befindet, heisst Fonte Nova. Der Fahrer kennt weder den Ort noch die Brücke, aber mit unserer Hilfe gelangen wir dann doch dorthin.

Gemäss der Etappenbeschreibung sollten wir bei Kilometer 12 sein. Wir überqueren die Brücke und laufen auf der schwach befahrenen Strasse.

Nach ca. 1 Stunde gehen, d.h. 4 km, unterqueren wir eine Autobahn und überqueren ein inaktives Bahngleis. Keine Hinweisschilder. Ursula hält ein Auto an und als die erklären, Belmonte sei in einer anderen Richtung, will sie umkehren. Ich möchte das nicht, denn während der ganzen Strecke ist keine Strasse nach links abgezweigt. Auf dem Kartenausschnitt, den ich im Hotel fotografiert habe, ist als nächster Ort Caría zu sehen, von wo aus eine Strasse nach Belmonte abzweigt.

Also gehen wir weiter und bald darauf erreichen wir eine grosse Strassenkreuzung mit einem Wegweiser nach Belmonte. Bei der Tankstelle befindet sich ein Café, perfekt für eine Pause.

Anschliessend laufen wir auf der N345 in Richtung Belmonte. Das Schild zeigt 6 km an. Die Pousada, in welcher wir ein Zimmer reserviert haben, soll 1km ausserhalb liegen.

Um 13 Uhr sind wir oben, in Belmonte (Schöner Berg) und gehen wie gewohnt direkt zu Essen. Ein Restaurant aus dem Outdoor-Führer, einfach aber ok.

Dann gehen wir zurück in Richtung Pousada Convento de Belmonte. Irgendwann kommt uns der Weg suspekt vor und ich rufe an. Nach der Nennung der 2. Strasse heisst es, 'you are close', und so ist es. Eine äusserst schöne Pousada, die sich in einem ehemaligen Kloster befindet und dessen Suiten im historischen Teil untergebracht sind.

Die Reservation für eine Nacht haben wir ja schon und wir bitten gleich für eine weitere Nacht, da die Wetterprognose für Freitag sehr, sehr schlecht ist.

Wenn ich auf einem Pilgerweg den ganzen Tag im Regen gelaufen bin, freue ich mich über eine Unterkunft, welche mich mit Wärme willkommen heisst.

Wir würden den Rest des Tages ja lieber auf der schönen Terrasse der Pousada verbringen und die schöne Aussicht geniessen. Später noch in den Ort zurückgehen, um die verschiedenen Sehenswürdigkeiten zu besichtigen.

Stattdessen setzen wir uns in einen der Aufenthaltsräume, bestellen uns einen Tee und beginnen die Planung der nächsten Tage zu aktualisieren.

**27** Belmonte, Ganzer Tag starker Regen und Nebel

Trotz strömendem Regen gehen wir bis 'Centrum Cellas', welches sich 6 km entfernt befindet. Es wird vermutet, dass die Villa Centum Cellas Teil einer römischen Villa ist. Die Ruine liegt nördlich von Belmonte, unmittelbar an der N18, der Verbindungsstraße der Stadt Belmonte mit Guarda.

Auf dem Rückweg gehen wir zum Lunch in das Restaurant 'Manja os deus'. Ich habe den Namen als 'Essen mit den Göttern' übersetzt, aber Manja os deus ist eine Götterspeise. Das Restaurant ist bei den Einheimischen sehr beliebt und dementsprechend voll, sodass wir nur mit Mühe einen Tisch erhalten. Für mich war das Essen nicht götterhaft, eher einfach, aber ok.

Nachher steigen wir wieder nach Belmonte hinauf.

Belmonte ist der Heimatort der Familie Cabral. Der Sprössling dieser Familie Pedro Álvares entdeckte im Jahr 1500 Brasilien. Wir besichtigen das Castelo mit dem Pedro Álvares Museum und die Kirche São Tiago (Santiago). Danach erledigen wir noch einige Einkäufe bevor wir zurück zur Pousada gehen. Obwohl dieser Aufenthalt als Ruhetag in meinen Reisenotizen steht, sind wir doch ca. 15 km gelaufen.

Am Nachmittag suchen wir dringend eine Unterkunft für Guarda. Wegen einem Tourismus Kongress und einer akademischen Veranstaltung ist schon seit Tagen alles ausgebucht. Mit Hilfe einer Angestellten der Reception finden wir eine Quinta, 10 km ausserhalb von Guarda gelegen. Die Besitzerin wird uns morgen Nachmittag in Guarda abholen. Ausserdem liegt die Quinta auf unserem Weiterweg nach Celorico da Beira.

Ab ca. 18 Uhr hellt sich der Himmel plötzlich auf und wir können auf der Terrasse unseren Apéro geniessen und sehen zum ersten Mal auch die unmittelbare Umgebung.

## 28 Belmonte – Guarda (Aldeia Viçosa), Regen

Wie prognostiziert regnet es.

Der Weg nach Guarda ist mit 28 km und einer Steigung von ca. 500 Höhenmetern an einem Tag für uns schwer zu bewältigen. Durch den starken Regen während des ganzen Tages scheinen auch Teile davon nicht machbar. Die Strasse ist auch keine Alternative, da sie als stark befahren gilt. In Ermangelung einer passenden ÖV Anbindung fahren wir daher mit einem Taxi nach Guarda.

Der Fahrer fährt den 'Portugiesischen Stil', d.h. er fährt sehr schnell und überholt auch auf für uns unübersichtlichen Strecken. Wir sind beide ganz still und hoffen einfach, heil in Guarda anzukommen.

Guarda liegt auf 1'000 MüM und ist die höchst gelegene Stadt Portugals. Die grauen Granit Gebäude verbreiten eine düstere Stimmung. Es hat dichten Nebel und man kann die umliegenden Berge nicht sehen. Schade!!

Wir deponieren unsere Rucksäcke im Residencial Felipe (aus dem Outdoor-Führer) und gehen dann direkt zur Kathedrale, um bei der Tourismus Information den Pilgerstempel und einen Stadtplan zu holen. Nachher suchen wir ein Café auf, um uns aufzuwärmen. Anschliessend gehen wir in ein Shopping-Center. Die Kamera von Ursula spukt seit einigen Tagen und wir suchen vergebens nach einem Geschäft, um die Kamera zu reparieren.

Danach besichtigen wir die Judéria (Judenviertel). Es regnet momentan nicht, aber es ist sehr kalt.

Ich habe heute Morgen alle meine warmen Kleider angezogen und trotzdem ist mir nicht kuschelig warm. Gegen Mittag reservieren wir einen Tisch im Restaurant A Floresta, ein Tipp aus dem Portugal Reiseführer des Michael Müller Verlages. Die Bewirtung und das Essen sind sehr gut.

Als Gruss aus der Küche erhalten wir zudem ein Gläschen Portwein.

Die Portionen in Portugal sind für mich immer zu gross, sodass ich normalerweise auf die Nachspeise verzichte oder eine Frucht wähle, die ich als Proviant mitnehme. Heute esse ich zum ersten Mal in Portugal einen Dessert, ein Requeijão con doce Abobora (Frischkäse mit Kürbiskonfitüre). Es schmeckt so gut, dass ich alles aufesse.

Nach dem Essen besichtigen wir die Kathedrale (Sé) von Guarda. Nachher umkreisen wir den mächtigen Bau bis uns ein eisiger Wind mit Graupelschauer zwingt, die Besichtigung abzubrechen.

Die Besitzerin der Quinta do Moinho (ehemaliger Bauernhof mit Wassermühle) holt uns in Guarda ab und fährt uns nach Aldeia Viçosa. Die Anlage liegt direkt am Rio Mondego und bietet einen Natursee mit Pedalos und einem Ruderboot. Leider giesst es in der Zwischenzeit wie aus Kübeln und dazu weht ein starker Wind. Da es Zwischensaison ist, sind wir die einzigen Gäste. Wir erhalten ein kleines Häuschen direkt am Fluss.

## 29 Aldeia Viçosa – Celorico da Beira

Während der Nacht hat es stark geregnet und man konnte den Fluss gut hören. Ich bin 2-mal aufgestanden, um den Pegelstand zu kontrollieren. Ich habe aber gesehen, dass wir nichts zu befürchten haben.

Gutes Frühstück im familiären Rahmen. Nach 9 Uhr wollen wir losgehen, und da beginnt es wieder zu regnen. Der grosse Hund des Hauses, sein Name ist Leão (portugiesisch für Löwe), begleitet uns freudig. Wir laufen auf der Strasse nach Aldeia Viçosa und weiter in Richtung von Celorico da Beira. Leider müssen wir die ganze Etappe auf kleinen Landstrassen gehen, da der Weg über die Ausläufe der Serra da Estrela bei starken Regenfällen nicht empfehlenswert ist.

Der Hund begleitet uns schwanzwedelnd. Mit Pilgerinnen zu laufen, macht anscheinend viel mehr Spass als auf dem Vorplatz die Quinta zu bewachen. Ich telefoniere zur Quinta do Moinho, um die Besitzer betreffend des Hundes zu informieren. Leider keine Antwort und so spreche ich auf den Telefonbeantworter. Wir gehen weiter. Teilweise giesst es wie aus Kübeln. In einem kleinen Dorf kehren wir auf einen Kaffee ein und der Hund wartet brav draussen. Weiter geht's auf der Landstrasse.

Nach einigen Stunden wird es langsam prekär. Der Löwe läuft nun nicht mehr zwischen Ursula und mir am linken Strassenrand, sondern geht in der Mitte der Strasse oder überquert sie, ohne zu schauen. Nachdem ein Auto stark abbremsen musste, bemerkt Ursula gestresst 'ich bekomme hier noch einen Herzinfarkt wegen unserem Hund'.

Nach guten 3 Stunden rufen die Besitzer der Quinta endlich zurück. Nachdem sie wissen auf welcher Strasse und wo genau wir uns befinden, erklären sie, sie würden umgehend mit dem Auto zu uns fahren. Der Leão springt aber nicht freudig auf seine Besitzer zu, sondern rennt in die Felder. Es dauert gute 10 Minuten, bis er sich bequemt, ins Auto zu steigen.

Bald erreichen wir unseren Etappenort, Celorico da Beira, und kommen direkt am Restaurant Zé das Iscas vorbei. Die Besitzerin der Quinta do Moinho hatte uns dieses Restaurant sehr empfohlen.

Wenn wir so nass daher kommen wie heute, fragen wir immer zuerst, ob wir eintreten dürfen. Natürlich! Und uns wird auch sofort ein Platz für unsere Rucksäcke zugewiesen. Es ist ein Familienlokal mit sehr gutem Essen.

Nach dem Essen fährt uns die junge Besitzerin zu unserer Unterkunft. Es ist ein einfaches Residencial, im oberen Ortsteil. Nachdem ich meine Kleider zum Trocknen aufgehängt habe, schlüpfe ich sofort in meinen Daunenschlafsack. Denn nebst Zimmer und Bad ist auch das Bett eher kalt.

Nach der Siesta fühlen wir uns besser, d.h. aufgewärmt und trocken. Bei einem warmen Tee besprechen wir die nächsten Etappen. Der Dauerregen wird uns noch 2 weitere Tage beschäftigen.

Mit der morgigen Etappe werden wir das Gebiet der Serra da Estrela endgültig verlassen und wir haben nichts davon gesehen. Weder die höchsten Berge Portugals noch die schönen und abenteuerlichen Gebirgspfade, auch nicht den Römerweg von Guarda hinunter nach Aldeia Viçosa – einfach NICHTS. Mit diesen Erkenntnissen wird uns beiden klar, wir wollen wiederkommen und diese spezielle Region bei besserem Wetter durchwandern.

## Etappenplanung, Ruhe- und Puffertage

Für meine Pilgerwege erstelle ich jeweils schon Monate vor der Reise einen groben Etappenplan (Excel Tabelle). Darin sind die Tagesetappen mit Kilometerzahl und Übernachtungsorten enthalten, sowie auch Ruhe- und Puffertage.

Wenn ich mit Ursula oder mit Freunden unterwegs bin, vergleichen wir unsere Etappen und Präferenzen und passen sie entsprechend an.

Nebst einem Schema von ungefähr einem Ruhetag pro zehn Tagen Pilgern, planen wir für sehenswerte Orte und interessante Städte zusätzlich noch einen Ruhetag ein.

Dazu enthält unser Plan auch noch einige Puffertage. Es passiert immer wieder, dass wir unterwegs auf einen Ort in der näheren Umgebung aufmerksam gemacht werden, den wir dann unbedingt besichtigen möchten. Um diese spontanen Highlights auch wahrnehmen zu können, sind wir um unsere Puffertage froh.

Erst wenn wir unterwegs sind, setzen wir uns abends hin und besprechen jeweils die Detailplanung für die kommenden Tage.

## 30 Celorico da Beira – Trancoso, Regen

Wir haben uns gestern Abend entschieden, auf die 20 km lange Etappe im Regen zu verzichten, dafür mehr Zeit für die Besichtigung von Trancoso zu haben. In Ermangelung einer Busverbindung fahren wir mit dem Taxi. Da der Pilgerweg zu Beginn der kleinen Landstrasse folgt, können wir unterwegs einen Blick auf die römische Brücke über den Rio Mondego und auf die Monolithen von São Gens werden.

Trancoso ist eine Stadt ganz in Granit, die fast vollständig von einer mittelalterlichen Mauer umschlossen ist. Wie auch Castelo Novo gehört Trancoso zu den zwölf historischen Dörfern, den Aldeias Históricas de Portugal. Zudem ist es auch Teil der Route historischer jüdischer Orte, der 'Rede de Judiarias'.

Wir sind schon früh in Trancoso und beziehen unser Zimmer im Residencial Dom Dinis. Wir nutzen die Gelegenheit, einige der noch feuchtklammen Kleider zum Trocknen aufzuhängen.

Während einer kurzen regenfreien Phase gehen wir nach draussen, um Teile der Stadt zu besichtigen. In der Nähe des Stadttores befindet sich eine Bäckerei, in welcher die Spezialität des Ortes verkauft wird. Die Sardinhas doces (süße Sardinen) aus Trancoso haben weder Schuppen noch Gräten und sind stattdessen mit Mandeln gefüllt. Wir stellen uns zu den Portugiesen, die draussen ihren Kaffee trinken und eine Sardinha essen.

Danach gehen wir durch das grosse Stadttor Portas d'El Rei, um die Statuen von König Dom Dinis und seiner Gattin Rainha Santa Isabel zu fotografieren.

Nach dem Mittagessen geht's für mich zu Siesta und Tagebuch schreiben. Später folgt noch ein Rundgang durch die Judéria, bevor wir zurück ins Residencial gehen.

**31** Trancoso – Ponte do Abade, 20.4 km, Regen

In südlichen Ländern sind die Zimmer und Badezimmer im Frühling jeweils eher kühl bis kalt und mit diesem nassen Wetter verschlimmert sich die Situation noch. Gestern Abend haben wir darum den Elektroofen ins Bad gestellt, damit wir wenigstens in einem warmen Bad duschen können.

Es erstaunt mich, dass wir mit dieser schlechten Wetterlage unseren Optimismus noch nicht verloren haben.

Das Frühstück im Dom Dinis ist sehr reichhaltig. Es ist erstaunlich, wie vielfältig die Frühstücksbuffets in Portugal sind. Immer hat es mehrere Brotsorten, ein Toastgerät, verschiedene Käse, Schinken und Butter. In den Bergregionen werden zudem noch selbstgemachte Konfitüren, Joghurts und teilweise auch Frischkäse angeboten.

Gestern Abend haben wir uns wieder mal mit der Planung unserer Weiterreise auseinander gesetzt und einige anstehenden Unterkünfte reserviert. Heute fahren wir nochmals einen Teil der Etappe. Um 11 Uhr geht es mit einem alten, klapperigen Bus los. Ausser uns ist nur noch eine weitere Person im grossen Bus, die jedoch in der Mitte der Strecke aussteigt.

Ponte do Abade ist ein trister Ort, der bei Regenwetter noch düsterer aussieht. Die erste Unterkunft aus dem Outdoor-Führer macht auf uns keinen guten Eindruck. Wir laufen weiter. In einem Gemischtwarenladen trinken wir einen Kaffee. Die Inhaberin serviert uns zum Kaffee frische Guetzli (Kekse), sogenannte S'es. Gut, frisch und nicht zu süss.

Ausserhalb des Ortes soll es das Residencial Santo Estevão an der Nationalstrasse N 226 geben. Wir rufen an und reservieren ein Zimmer. Dann gehen wir los. Immer der N 226 entlang. Inzwischen regnet es wieder heftiger. Nach ca. einer Stunde realisieren wir, dass wir irgendwo eine

82

Abzweigung verpasst haben. Ein Telefon in unsere Unterkunft und ein Angestellter holt uns mit dem Auto ab. Quintessenz, das Residencial liegt nicht direkt an der Strasse N 226!!!

Um 13 Uhr sind wir endlich da und können direkt zum Mittagessen gehen. Hotel sauber, Küche gut, Bedienung sehr nett, Zimmer gross und warm, Herz was willst du mehr??

## 32 Ponte do Abade – Lapa – Moimenta da Beira

In meiner Wetter App wurde die Prognose für die heutige Strecke bis ca. 13 Uhr ohne Regen angesagt.

Gestern Abend haben wir uns gegen eine Übernachtung in Lapa entschieden. Die Wallfahrtskapelle Nuestra Senhora da Lapa ist eine Stätte der Marienverehrung. Im Pilgerführer steht geschrieben, dass die Unterkunft im ehemaligen Jesuiten Kollegiat asketisch eiskalt sein soll!?!

Bei 30° hätten wir gerne dort übernachtet, aber bei diesen Temperaturen lieber nicht. Aus diesem Grunde haben wir gestern Abend entschieden, bis nach Lapa zu laufen und danach bis nach Moimenta da Beira zu fahren.

Die Strecke bis nach Lapa ist gut zu gehen, meistens auf kleinen Strassen. Von Gradiz wird die Strasse zu einem Strässchen und überwindet 300 Höhenmeter bis hinauf nach Mouçoes. Von dort geht es auf schmalen Wegen, vorbei an Trockensteinmauern und zwischen Ginsterbüschen hinauf nach Lapa.

Zuerst besichtigen wir die Wallfahrtskirche. Die Kirche wurde im 17. Jh. von Jesuiten erbaut. Sie umschliesst eine Feldgrotte, in der das Bild von Maria im 10. Jh. vor den Mauern versteckt worden ist. Der Volksmund sagt, dass nur derjenige durch die engen Felsen in die Grotte gehen kann, der ohne Sünden ist. Wir beide konnten ohne Probleme durchgehen.

Nach der Besichtigung gehen wir in das einzige offene Café im Ort. Das kleines Lokal sieht wie eine private Stube aus, in der ein knisterndes Feuer eine warme Atmosphäre verbreitet.

Im Lokal sitzen vier weitere Personen. Eine junge Frau bestellt die Getränke in Portugiesisch und dann glaube ich plötzlich, mich verhört zu haben. Schweizer Dialekt? Hier in Lapa? Die junge Frau ist die Tochter von Portugiesen, die in

84

der Schweiz leben, und sie ist mit drei Freunden mit dem Auto unterwegs auf Verwandten Besuch in Portugal. Sie wollen von uns wissen woher wir kommen und ob wir auch mit dem Auto unterwegs seien. Wir erklären ihnen den Pilgerweg 'Via Lusitana' und sie sind natürlich erstaunt.

Dann unterhalten wir uns noch über die Autofahrer in Portugal und ich frage die Schweiz-Portugiesin, ob es auch schon portugiesische Formel 1 Piloten gegeben hat? Sie lacht hell auf und erwidert, warum denn, es sind ja alle auf unseren normalen Strassen unterwegs. Bravo!!

Wir fragen im Café nach einem Taxi nach Moimenta da Beira und werden von einer Frau mit angenehmen Fahrstil gefahren.

Die Übernachtung im Residencial 'Pico do Meio Dia', einer empfehlenswerten Unterkunft aus dem Outdoor-Führer, ist angenehm. Die Beschreibung stimmt und die Küche schmeckt uns auch.

Am Nachmittag hellt der Himmel auf und wir gehen auf eine Dorfrunde. Es gibt nicht viel zu sehen, aber nach den vergangenen nassen Tagen geniessen wir diesen Spaziergang. Ferner benötigen wir wieder etwas Proviant und füllen unsere Vorräte auf.

**33** Moimenta da Beira – Lamego, 33 km

Leider ist nochmals Regenmontur angesagt. 33 km sind zu lang für uns und so fahren wir die ersten 16 km bis nach Salzedas.

Dort befindet sich das Mosteiro de Santa Maria de Salzedas. Das Kloster ist eines der grössten Zisterzienserklöster Portugals. Die mächtige Kirche überragt die wenigen Häuser der kleinen Siedlung. Ausser der Kirche sind nur noch zwei Kreuzgänge erhalten, die besichtigt werden können. Vom kleinen Kreuzgang ist ausser einigen Bögen kaum etwas übrig geblieben. Die Klosteranlage wurde an den Flussufern des Rio Torno gebaut und erfüllte damit die Weisung des Zisterzienserordens, Gebäude immer an Wasserläufen zu errichten. (Das wusste ich lange nicht.)

Nach der Besichtigung beginnen wir in Richtung von Figueiras zu laufen. Zuerst gehen wir auf einem kleinen Strässchen mit dem Namen 'Rua da Vista Alegre'. Wir fotografieren das Schild und einige Frauen schauen uns interessiert zu. Ich frage, ob das Fotografieren etwas kostet. Meine Frage erstaunt sie und sie verneinen sofort. Meine spontane Erwiderung 'Wenn Sie einen Euro pro Bild verlangen würden, dann wären Sie bald reich' zauberte ein Lächeln auf ihre Gesichter.

Alsbald steigt der Weg / Pfad steil nach rechts oben an. Die Ausblicke wären sicher sehr schön, wenn die tief hängenden Wolken nicht wären. Ich geniesse die Wanderung trotzdem. Der Weg zieht sich den Hängen entlang. In der Tiefe können wir bald einmal den Stausee ausmachen, den wir später auf einer kleinen Brücke überqueren sollen. In Queimadela, einem hübschen kleinen Ort, hat es ein offenes Café und wir trinken hier etwas. Als wir weitergehen wollen, beginnt es wieder stärker zu regnen. Bei solchen Passagen und Wetterkapriolen bin ich sehr froh um meinen roten Knirps. Natürlich habe ich Gore-Tex Regenhosen und eine identische Jacke an, aber ich mag es lieber, ohne Kapuze zu gehen.

Gegen 13 Uhr erreichen wir Figueiras. Ein kleines Dorf, hoch über dem Stausee. Hier hat es zurzeit keine Übernachtungsmöglichkeit, aber wenigstens ein Café mit grosser Terrasse. Wie schön wäre es, hier bei Sonnenschein eine Pause zu machen.

Anschliessend an diese kleine Rast beginnen wir den Abstieg zum Stausee. Der Regen hat aufgehört und beflügelt gehen wir abwärts. Leider gehen wir falsch. Erst nach einer geraumen Weile realisieren wir, dass wir die Abzweigung zum See schon sehr weit oben verpasst haben. Unter uns ist kein See mehr zu sehen, dafür sehen wir eine Strasse, die sich weit in ein Tal hinaus zieht. Wir haben weder Lust auf der falschen Strasse ins hoch oben liegende Lamego hochzusteigen, noch wollen wir wieder zurück nach Figueira gehen.

Meine Idee ist, unser Hotel in Lamego anzurufen, um uns ein Taxi schicken zu lassen oder Autostopp zu machen. Nur ist während der ganzen Zeit kein Auto an uns vorbeigefahren. Dann höre ich plötzlich ein Motorengeräusch. Ich stelle mich mit ausgestrecktem Arm auf die Strasse und ein Pick-up hält zögernd an. Darin sind zwei junge Angestellte der Gemeinde Lamego. Nachdem wir erklärt haben warum wir hier sind und wohin wir müssen, entschliessen sie sich, uns mitzunehmen. Glück gehabt. Wir bedanken uns herzlich.

Wir haben ein Zimmer in einem zentral gelegenen Hotel für 2 Nächte reserviert, da es in Lamego einige interessante Sehenswürdigkeiten zu besichtigen gibt.

Lamego liegt wenige Kilometer südlich des Douro, umgeben von Weinbergen und ist als 'Geburtsstätte Portugals' bekannt. Hier hat der erste König, Afonso Henriques, erstmals seine Cortes zusammengerufen.

Am Nachmittag besichtigen wir die Sé (Kathedrale) und begeben uns danach zu der bekanntesten Sehenswürdigkeit von Lamego. Über der Stadt thront das 'Santuário Nossa Senhora dos Remédios', eine barocke Kirche aus dem 18. Jh., die über eine prachtvolle Treppe mit über 600 Treppenstufen erreicht werden kann. Die Treppe ist mit schönen Azulejos (Kacheln) versehen und wurde erst im Jahr 1966 fertiggestellt.

Obwohl wir heute schon viel gelaufen sind, lassen wir es uns nicht nehmen, diese Treppe hinaufzusteigen. Die Aussicht über die Stadt und in die weite Umgebung ist beeindruckend.


Corgo-Bahn

Abends im Bett studiere ich die weiteren Etappen für nächste Woche. Wie ich die Beschreibung im veralteten Führer mit den Updates und den Informationen im Internet vergleiche, realisiere ich, dass die speziell schöne Bahnstrecke mit der Corgo-Bahn von Peso da Régua hinauf nach Vila Real nicht mehr in Betrieb ist. Mist!!

Die Strecke hätte sich, langsam an Höhe gewinnend, durch das abgelegene Tal des Rio Corgo hinaufgewunden. Man hätte nach 2/3 der Strecke in die Corgo-Bahn einsteigen können um den Rest hinauf nach Vila Real fahren.

Etwas Positives habe ich durch die Stilllegung der Bahn aber doch noch gefunden. Der Wanderweg führt nun auf dem Trasse der Corgo-Bahn. Er führt durch das tiefe Tal mit den hohen Weinbergen auf beiden Seiten, und die Wegführung erlaubt es uns, die ca. 600 Höhenmeter gemächlich zu überwinden. Nichtsdestotrotz, wir müssen nun die 25 km lange Etappe genauer planen. Wir haben ja noch 3 Tage Zeit dafür.

**34** Lamego, Freitag, 13. Mai, regnerisch und kühl

Wir fahren heute nach Figueira zurück. Es gibt zwei Gründe für diese Entscheidung. Erstens möchten wir die Strecke, die wir falsch gelaufen sind, heute korrekt gehen. Der zweite Grund ist die 'Igreja de São Pedro de Balsemão', eine romanische Kirche, die sich am Weg befindet.

Ein Taxi bringt uns nach Figueira und wir kehren nochmals auf einen Kaffee ein. Von der Terrasse schauen wir interessiert auf die Hänge zum Stausee herab. Durch das Teleobjektiv der Kamera kann ich den Weg nun klar erkennen. Es ist ein Pfad, der einer Trockensteinmauer entlang, sehr steil hinab führt.

Gestern sind wir einfach losgelaufen. Ursula hat den Abzweig anscheinend gesehen und sich gedacht, dieser Trampelpfad ist nicht unser Weg. Ich bin einfach in Richtung Stausee losgelaufen. Normalerweise gehen wir nicht so kopflos weiter.

Naja, nun sind wir wieder da und jetzt wissen wir, wo der Pfad abzweigt. Unten am Stausee folgen wir dem Weg über eine kleine Brücke in Richtung Balsemão.

Ursula ist eine grosse Kennerin und Liebhaberin der romanischen Baukunst. Wenn immer sich eine Kirche, Kapelle oder Brücke romanischen Ursprungs in der Nähe unserer Pilger Wege befindet, planen wir eine Besichtigung ein.

Von aussen sieht dieses Kirchlein schlicht aus, aber innen ist es ein Bijou. Präromanisch aus dem 7. Jh. In einem Seitenschiff befindet sich der Sarg eines Bischofs aus dem 14. Jh. und aus derselben Zeit stammt auch die Skulptur der 'Nossa Senhora de Ó', der schwangeren Muttergottes.

Heute ist das Glück auf unserer Seite. Die Frau, die sich um die Kirche kümmert, ist anwesend und gibt uns ausserdem noch eine Privatführung.

Auf dem Weiterweg von Lamego nach Peso da Régua kommt man nochmals hier durch, aber frühmorgens besteht immer die Möglichkeit, dass die Kirche dann verschlossen ist. Deshalb wollten wir unbedingt heute hierher kommen.

Nach der Besichtigung überqueren wir eine Steinbrücke und gelangen in den alten Teil von Lamego. Die kleine Strasse führt danach stetig hinauf und schon bald erreichen wir den Platz bei der Kathedrale.

Zeit fürs Mittagessen. Lamego hat viele kleinere Restaurants mit reichhaltiger Speisekarte. Wir essen in der Casa Felipe. Nach dem Essen gehe ich zu einer Siesta, während Ursula noch weitere Besichtigungen unternimmt.

Am Morgen habe ich nochmals versucht, für Samstagnacht ein Zimmer in Peso da Régua zu erhalten, aber für diese Nacht ist ganz Régua (wie Peso da Régua auch genannt wird) ausgebucht. Von einem Hotel habe ich dann auch den Grund erfahren. Am Sonntag findet in Peso da Régua ein Halbmarathon mit tausenden Teilnehmern statt.

Also müssen wir unsere Pläne ändern. Von Lamego nach Régua und zurück fahren täglich mehrere Busse. Wir werden also morgen die Etappe von Lamego nach Régua (14 km) ohne Gepäck gehen und anschliessend mit dem Bus nach Lamego zurückfahren. Zum Glück ist unser Zimmer noch frei, sodass wir eine weitere Nacht hier schlafen können. Am Sonntag fahren wir dann mit dem Morgenkurs um 08.15 Uhr nach Régua hinunter.

**35** Lamego – Peso da Régua, Samstag, leichte Bewölkung

Wir gehen um 9 Uhr los. Bis zum Stausee kennen wir die Strecke ja bereits. Dann überqueren wir die Brücke und gehen auf der linken Seite des 'Barragem' (Stausee) dem Ufer entlang. Am Ende des Sees führt der Weg über die mächtige Staumauer und steigt dann leicht an. Unvermittelt treten wir aus dem Talkessel heraus und sehen die weiten Rebberge, die sich bis nach Régua hinunter ziehen. Der Weg folgt den Terrassen der Weinberge. Je weiter wir ins Douro Tal hinabkommen, desto schöner wird das Wetter.

Wir beide sind noch nie einen Wanderweg durch terrassierte Weinberge gelaufen. Von den obersten Terrassen hat es immer wieder kleine Stein- oder Erdtreppen, die uns eine Stufe tiefer führen. An den Reben können wir durch die Blätter bereits Trauben im frühen Wachstum ausmachen. Eine interessante Wanderung.

Nach 13 Uhr überqueren wir die grosse Brücke über den Rio Douro. Heute findet ein Mini-Marathon für Kinder statt und wie bei allen solchen Anlässen, hat es viele Zuschauer.

Wir schlängeln uns durch die Sportler und steuern direkt ein Restaurant an, welches im Outdoor-Führer sehr gelobt wird. Die Velha Tendinha. Restaurant und Terrasse sind voll und wir müssen uns eine halbe Stunde gedulden bis wir einen winzig kleinen Tisch zugewiesen erhalten. Das Warten hat sich gelohnt, das Essen ist üppig und schmackhaft.

Unser Bus zurück nach Lamego fährt erst nach 19 Uhr. Wir nutzen die freie Zeit, um uns wegen einer Bootsfahrt auf dem Douro für den Sonntag zu erkundigen. Beim Quai realisieren wir, dass die Landungsstege überschwemmt sind. Im Infoschalter erfahren wir, dass der ganze Schiffverkehr auf dem Douro wegen Hochwasser eingestellt ist. Schade!! Wir haben uns so auf diese Fahrt gefreut.

**36** Peso da Régua, Sonntag, 15. Mai, schönes Wetter

Wie geplant fahren wir mit dem Morgenkurs nach Régua. Der Bus ist voll von Marathonläufern. Es herrscht eine freudige Stimmung.

Wir deponieren unsere Rucksäcke im Hotel und begeben uns zum Bahnhof. Der Zug fährt um 09.15 Uhr ab. Es ist eine schöne Fahrt dem Douro entlang. Die steilen Weinberge sind imposant. Nach einer knappen Stunde erreichen wir Pinhão bei schönstem Wetter.

Pinhão war einst ein verschlafener Ort am Douro Ufer, aber heute ist es das Zentrum des Portweinanbaus. Am Hafen sehen wir, dass von hier aus die Ausflugsboote fahren können. Im Englischen würde man sagen 'Sounds like a plan'. Wir entscheiden uns für eine 2-stündige Rundfahrt. Was für eine Überraschung und was für ein Genuss. Vom Boot aus wirken die Rebberge noch steiler als von der Bahnstrecke aus.

Nach der Bootsfahrt machen wir uns auf, ein bestimmtes Restaurant zu suchen. In einem Internet-Blog hatte ich vor einigen Tagen einen Bericht über das Ponto Grande, ein kleineres Restaurant mit hervorragendem traditionellem Essen gelesen. Obwohl der Ort nicht gross ist, müssen wir uns durchfragen. Schlussendlich finden wir das Restaurant und erhalten den letzten freien Tisch.

Das Essen ist vorzüglich und zum Abschluss erhalten wir als speziellen Gruss ein Glas weissen Portwein. Ab da wird das der Schlummertrunk für unseren Portugal Aufenthalt sein.

Bevor wir mit der Bahn nach Régua zurückfahren, fotografieren wir die zahlreichen Azulejos am Bahnhof.

Ein wunderbarer Tag in einer schönen Gegenden Portugals geht zu Ende.

↑ Castelo Branco, im Garten des Erzbischofspalasts ↓

↑Weg auf die Serra da Gardunha mit Stausee ↓

↑ Bergweg mit Ginster / Blick zurück auf Castelo Novo↓

↑Farbkleckser im grauen Guarda / Sé, Kathedrale von Guarda↓

↑ Im Regen unterwegs mit Hund Leão ↓

↑ Wallfahrtskirche in Lapa

↑Lamego, Treppenaufgang zur Kirche

↑Unterwegs nach Peso da Régua / Rio Douro↓

↑ Bootsfahrt auf dem Rio Douro / Pinhão ↓

Abendstimmung am Rio Douro bei Peso da Régua

# TEIL DREI
# ÜBER DIE BERGE VON
# TRAS-OS-MONTES
# NACH OURENSE (SPANIEN)

Im Norden Portugals befinden sich die Sub-Regionen Trás-os-Montes, Douro, Porto und Minho.

Nach Vila Real enden die beeindruckend schön angelegten Weinberge des Douro Tals ohne Übergang, und geben Platz für eine neue, archaische Landschaft.

Von der Bergregion Trás-os-Montes (für uns ein Zungenbrecher 'Trasch-osch-Montesch') habe ich vor unserer Reise weder gehört noch darüber gelesen. In der Zwischenzeit weiss ich aber, dass sich diese Region im hohen Norden von Portugal befindet und den schönen Nationalparks Portugals, den 'Parque Nacional da Peneda-Gerês' beheimatet. In diesem Nationalpark leben seltene wilde Pferde und weitere Wildtiere, die in der Zwischenzeit dank eines Schutzprogramms geschützt werden.

Wir können uns auf neue Herausforderungen wie Borrosão Rinder, Goldmohn und eine Übernachtung auf dem Monte Farinha (Wallfahrtsort) freuen.

**37** Régua – Carrazedo, 16. Mai, Sonne pur

Gestern haben wir die Detailplanung für die heutige und die morgige Etappe organisiert. Wir haben die Unterkunft in Vila Real für 2 Nächte reserviert. Die Rucksäcke übergeben wir einem Transport Service, damit wir die erste Etappe mit einem leichten Turnbeutel unter die Füsse nehmen können. Heute gilt es ca. 300 Höhenmeter zu überwinden und morgen nochmals so viele.

Um 08.15 Uhr gehen wir los. Bis über die Brücke des Rio Corgo läuft alles ok. Danach gehen wir leider wieder falsch. Anstatt weiter auf der Strasse N313 nach rechts zu gehen und erst danach 150 m links auf das Trasse der stillgelegten Bahn zu kommen, steigen wir direkt eine Schneise empor. Denken es ist eine Abkürzung. Der Weg führt stetig durch Rebberge hinauf und irgendwann erreichen wir einen Weiler. Auf der Karte im Führer ist nichts vermerkt und auf Google Earth ist unsere aktuelle Location viel zu weit oben. Unsere einzig verlässliche Angabe ist das Trasse der Corgo-Bahn mit dem Bahnhof Tanha und einer hellblauen Eisenbahnbrücke.

Einige Menschen stehen umher und wir fragen nach dem 'Caminho' (Wanderweg) nach Vila Real. Sie zeigen auf die Strasse, welche sich den Hängen des weiten Tales entlang zieht. Ich entgegne, wir suchen aber den Wanderweg auf der Corgo-Bahn und deren Bahnhof Tanha. Da geht ein Leuchten über ihr Gesicht und sie zeigen uns weit unten im Tal die blaue Brücke. Auf unsere Frage nach dem Weg sagen sie, wir sollen einfach über die Weinberge absteigen und sie zeigen uns auch gleich die ersten Treppen. Wir hätten das auch einfacher haben können, aber im Nachhinein war es diese spannende Episode wert.

Und dann sind wir plötzlich unten. Das Bahnhofhäuschen von Tanha ist bewohnt. Überall hat es Blumenkistchen und Gemüsebeete. Idylle pur.

Jetzt kommt die ehemalige Eisenbahnbrücke über den Rio Tanha. Im Führer steht, dass auf der linken Seite eine ca. 50 cm breite Spur über die hohe Stahlbrücke führt. Ursula geht vor.

Obwohl ich an Höhenangst leide, versuche ich es trotzdem. Aber nach wenigen Metern realisiere ich, dass ich da nicht durchgehen kann. In den Updates steht geschrieben, dass eine Möglichkeit besteht, das Tal des Rio Tanha über ein kleines Strässchen zu umgehen.

Zuerst gehe ich vom Bahnhof hinab, dann entdecke ich unter der blauen Brücke eine solide Holzbrücke, welche den Rio Tanha (ausgesprochen Tania) auch überquert. Auf der gegenüberliegenden Seite reichen die Weinberge bis zum Fluss hinunter und nach unserem Abstieg über die steilen Weinberg Terrassen kann ich diese wenigen Stufen sicher auch hinaufklettern. Gedacht, gemacht.

Oben erreiche ich die blaue Brücke, und erstaunt nehme ich zur Kenntnis, dass Ursula nicht da ist. Wo mag sie sein? Ich setze mich vorerst hin, trinke etwas und versuche sie per Telefon zu erreichen. Die Combox ist eingeschaltet, aber das nützt mir nichts.

Der Weiterweg auf dem stillgelegten Bahngleis ist traumhaft schön, aber nach einer Weile muss ich zurückgehen. Ich weiss, dass Ursula nicht einfach allein weiter gelaufen wäre. Also wieder zurück zur Brücke und da kommt sie. Sie wollte mir auf der Umgehung entgegengehen, hatte dann aber die gleichen Gedanken. Bei der Brücke zu warten.

Nun aber über den Traumpfad! Ich habe beinahe vergessen zu erwähnen, dass heute mein Geburtstag ist. Schönstes Wetter und diesen Weg, mehr kann man sich nicht wünschen.

In den Updates der Via Lusitana sind auf dieser Bahnstrecke einige Bahnhöfe erwähnt. Beim nächsten Bahnhof hat es ein kleines Dorf mit einem Laden. Wir steigen in den Ort hinauf, trinken beim kleinen Laden ein kühles Getränk und füllen unsere Wasserflaschen auf. Unterwegs treffen wir auf eine deutsche Wandergruppe mit einem portugiesischen Wanderleiter. Erstaunen auf beiden Seiten.

Das Trasse der Corgo-Bahn schlängelt sich langsam steigend den terrassenförmig angelegten Weinbergen entlang. Dieses Gebiet ist Bestandteil des Weltkulturerbes Alto Douro.

Zwei kleinste Dörfer weiter erreichen wir um 13.30 Uhr Carrazedo. Von hier bis nach Vila Real sind es nochmals 10 km, d.h. 2 ½ Stunden. Es ist bereits ziemlich heiss und unsere Wasservorräte reichen nicht mehr für die ganze Strecke.

Wir wissen, dass um 16.45 ein Bus von hier bis nach Vila Real fährt, allerdings auf der oberen Strasse. Aus Ermangelung einer Alternative entscheiden wir uns, bis zur Strasse hinaufzusteigen und von dort bis zum nächsten Ort zu gehen. Dort soll sich ein Restaurant befinden. Wieder Autostopp? Ja, eine Frau fährt zuerst an uns vorbei, entscheidet sich dann aber doch anzuhalten und zu fragen. Sie nimmt uns bis zum nächsten Ort mit. Dort hat es aber nur eine Kantine ohne warme Küche und so gehen wir nochmals eine gute Stunde weiter bis zu einem Restaurant. Es ist schon spät und im Restaurant hat es keine Gäste mehr. Es erstaunt uns immer wieder, dass wir so spät noch warmes Essen erhalten. Einen köstlichen Salat (ich werde später darauf zurückkommen) und ein leckeres Gericht.

Gestärkt nehmen wir die restlichen 3 km bis nach Vila Real unter die Füsse.

Da wir durch die Regentage unserer Planung immer noch einige Tage im Voraus sind, werden wir die Strecke Carrazedo bis Vila Real morgen Vormittag noch gehen.

**38** Carrazedo – Vila Real, 12 km, 4 Std,

Gestern Abend haben wir einen Taxifahrer gefragt, ob er uns am Morgen nach Carrazedo fahren möchte. Zuerst hat er geantwortet, aber dort hat es nichts. Da hatte er ja recht, für Nicht-Wanderer gibt es dort wirklich nichts.

Aber auf uns wartet ein weiterer Traumpfad. In der Kühle des Morgens zu gehen ist Genuss pur. Der Weg verläuft entlang dieser Hänge, die von ganz unten bis zuoberst mit Weinreben bepflanzt sind. Die fantastische Aussicht ändert sich mit jeder Biegung des Weges. Ich bin froh, dass wir gestern den Weg nicht fortgesetzt haben. So schön wie heute Morgen wäre es nie gewesen. Das Corgo Tal verläuft in Süd-nördlicher Richtung. Auf der gegenüberliegenden Talseite können wir Weingüter ausmachen, welche allein inmitten von Weinbergen liegen.

Wir bleiben immer wieder stehen, schauen, staunen und fotografieren. Wir passieren einen Platz mit einem riesigen Feigenbaum, nur schade sind die Früchten noch nicht reif.

Langsam steigt der Weg wieder an. Teilweise führt er durch dichte Ginstergebüsche dann schlängelt er sich wieder zwischen Felsen hindurch. So schön.

Plötzlich erblicken wir einen Wiedehopf, in der Mitte des Weges. Wir bleiben unvermittelt stehen und ziehen leise und langsam die Kamera hervor. Diese Vögel sind sehr schön aber auch äusserst schüchtern. Das ist unsere Chance auf ein gutes Bild.

Langsam nähern wir uns Vila Real. Vor uns sieht man in luftiger Höhe eine spektakuläre Brücke mit einer Gesamtlänge von 412 m. Über die Brücke führt die Autobahn A4, welche von Porto am Atlantik in östlicher Richtung bis nach Bragança führt. Ein architektonisches Meisterstück.

**39** Vila Real – Bilhó, 22 km, 600 Höhenmeter Steigung

Wir gehen um 08.30 Uhr los. Die ersten 3 km sind markiert. Dann geht es in die Berge. Der Weg steigt steil an und gibt immer wieder neue Ausblicke auf Vila Real frei. Von oben hat man auch eine gute Sicht über die Autobahnbrücke.

Langsam kommen wir in den Naturalpark 'Parque do Alvão', den wir auf unserer heutigen Etappe durchschreiten, und zwar über eine Gebirgskette. Hermann H. hat mir in einem Mail einen Hinweis zu einer bestimmten Stelle gesandt, an welcher ein Pilger sich verlaufen hat. D.H. dass wir nun noch besser aufpassen müssen. Aber alles ok.

Allerdings verzweigt sich der Weg etwas später. Ursula ist schon nicht mehr zu sehen und da ich nicht weiss welchen Weg sie gegangen ist rufe ich laut. Sie antwortet von rechts oben, ich meine jedoch dem Wegverlauf linkerhand folgen zu müssen. Da sie der Ansicht ist, ihre Variante sei die Richtige, steigen wir weiter rechts hinauf.

Wir haben uns zu Anfang dieser Pilgerreise geeinigt, dass wir bei Meinungsverschiedenheiten betreffend des Weges auf keinen Fall verschiedene Wege gehen würden. Dafür ist die Gegend viel zu weitläufig und zu einsam.

Also gehen wir auf dem nunmehr kleinen Strässchen weiter hinauf. Mich befällt ein ungutes Gefühl, wohlwissend dass die Strecke lang und anstrengend ist, und es keine Möglichkeiten gibt, die Etappe abzukürzen.

Irgendwann kommt ein grosser Milchlaster die Strasse hinauf und ich halte ihn an. Auf meine Frage nach Bilhó verneint der Fahrer vehement. Ich weiss genau. wo wir falsch gelaufen sind, und so gehen wir bis zur besagten Stelle zurück. Ab da stimmt der Weg wieder mit der Beschreibung überein.

Es wird steiler und dazu pfeift ein kalter Wind über den Bergrücken. Wir denken die einzigen Menschen in dieser etwas unwirklichen Gegend zu sein, aber nur, bis wir das Bimmeln von Ziegen Glöcklein hören. Die grosse Ziegenherde weidet an den steinigen Abhängen und ist nur durch genaues Hinsehen auszumachen.

Nach einer Weile erreichen wir den höchsten Punkt dieser Etappe und damit auch den Stausee. Entlang des Sees führt eine Strasse in den Weiler Lamas de Olo, wo sich gemäss Führer eine Bar befinden soll. Auf der Strasse überholt uns ein Auto mit ZH Schilder (Zürich). Ich rufe laut 'Züri', aber der Fahrer hört mich leider nicht.

Um 16 Uhr erreichen wir bei einer kleinen Siedlung die Tascquina d'Alice und sind überrascht, dass wir um diese Zeit noch etwas zum Essen erhalten.

Danach müssen wir weiter. Um 18 Uhr erreichen wir endlich das Residencial Lopes in Bilhó. Wir waren gegen 10 Stunden unterwegs!

Mir ist kalt und ich fühle mich ausgelaugt, daher lege ich mich sofort ins Bett. Nach einer Stunde stehe ich wieder auf und frage Frau Lopes, die Besitzerin, ob sie mir eine Hühnerbrühe (Caldo de Galinha) zubereiten könne. Ich dachte an eine Brühe aus der Tüte, aber sie hat für uns eine frische Hühnersuppe gekocht. Fantastisch.

Bilhó liegt erhöht über einem weiten Tal. Genau gegenüber thront der Monte Farinha. Hermann hat in seinen Updates die Variante auf den Monte Farinha beschrieben, allerdings nur bei schönem Wetter und sofern man oben ein Zimmer für die Übernachtung erhält.

Wetter perfekt, immer noch zwei Tage Pufferzeit auf unsere Marschtabelle und Zimmer gebucht.

**40** Bilhó - Monte Farinha, schönstes Wetter

Am Morgen liegt noch Nebel über dem Tal, der sich jedoch bei unserem Abmarsch bereits verzogen hat.

Ich habe mich von unserer Mammutetappe gestern sehr gut erholt. Gemäss den Updates des Führers sollte der Weg auf den Monte Farinha seit kurzem gekennzeichnet sein, wir haben aber keine Pfeile gesehen. Wir folgen der Strasse in Richtung Mondim de Basto und nach einer Stunde kehren wir in einem Café ein. Die Wallfahrtskirche 'Santuário da Nossa Senhora da Graça' dominiert unser Blickfeld. Sie liegt auf über 900 MüM und verspricht eine Rundsicht auf die Gegend Terra da Bastos und weiter in die Berge.

Wir fragen zur Sicherheit nochmals und erhalten die Antwort, dass es einen Fussweg dort hinauf gebe. Bald weist ein Schild nach rechts oben. Anfangs ist es ein Bergweg, dann wird er ruppig. Danach kommt wieder mal eine T-Kreuzung ohne weitere Richtungsangabe. Ursula und ich trennen uns kurz. Jede geht ca. 5 Min. in eine Richtung und dann wieder zurück. Ursulas Weg endet im Dickicht, aber mein Weg führt weiter. Also gehen wir links.

Die Strommasten, welche ich gestern von Bilhó aus gesehen habe, weisen uns jetzt den Weg nach oben. Nach der Hälfte des Aufstiegs sehen wir eine PR-Markierung und der Weg geht in einen römischen Bergpfad über. Steil, steinig, mit Pinien oder Föhrenduft und einfach nur schön. Wir gewinnen stetig an Höhe. Gegen 13 Uhr erreichen wir die Strasse, die von Mondim de Basto heraufführt. Eine Viertelstunde später sind wir ganz oben.

Der Blick hinunter auf Bilhó ist grandios und erfüllt uns mit einer gewissen Genugtuung.

**41** Monte Farinha – Mondim de Basto

Die Übernachtung hier oben war ein spezielles Erlebnis. Die wenigen Menschen, die auch hier übernachten, warten alle gespannt auf den Sonnenuntergang. Schön. Dann aber in die Wärme.

Die Zimmer in der Hospedaria sind modern und sehr komfortabel. Die Cafeteria für das Frühstück öffnet erst um 9 Uhr und so können wir den Tag insgesamt etwas gemütlicher angehen. Für den Abstieg nach Mondim de Basto stehen zwei Möglichkeiten offen. Ein steiler, felsiger Bergpfad oder die Strasse. Mit dem Aufstieg von gestern haben wir dem Berg genügend Respekt gezollt und daher werden wir heute die 12 km gemütlich auf der Strasse gehen.

Die Region, die uns zu Füssen liegt, heisst Terra da Bastos. Es ist eine liebliche, hügelige Landschaft in der Landwirtschaft betrieben wird. Allerdings nicht mit grossen Maschinen, sondern eher im kleineren Umfang. Man sieht Menschen auf Gemüsefeldern, kleineren Weinbergen und bei der Betreuung der Tiere. Alles macht einen friedlichen Eindruck.

Entgegen unseren üblichen Gepflogenheiten essen wir am Anfang des Ortes in einem Restaurant zu Mittag, und erreichen die Tourismus Information erst nach 14 Uhr. Wir wurden von Hermann H. angemeldet und Senhora Luisa freut sich, uns so gesund und munter zu sehen.

Sie reserviert für uns die Unterkünfte für die nächsten Etappen, um sicher zu sein, dass wir auch Zimmer erhalten. In dieser Gegend hat es nicht viele Touristen. Entsprechend wenige Unterkünfte stehen zur Verfügung.

**42** Mondim de Basto – Cabeceiras de Basto, 19 km, Samstag

Zur Abwechslung ist es heute wieder mal bewölkt. Wir sind nicht unglücklich darüber denn gestern war es sehr heiss.

Wir fahren die ersten fünf Kilometer, denn diese Strecke sind wir gestern in entgegengesetzter Richtung schon gelaufen.

Zu Beginn folgen wir einem alten Römerweg unter Wein-Pergolas hindurch, gefolgt von einsamen Pfaden und kleinen Landsträsschen. Die Vegetation hat sich komplett geändert. Teils sieht es wie im Herbst aus. Die Steineichen lassen ihre Blätter fallen. Unser Strässchen führt steil zum Fluss Tamego hinab und auf der anderen Seite wieder nach oben.

Am Weg kommen wir am historischen Bahnhof 'Arco da Baúlhe' vorbei, der in früheren Zeiten auch Teil der Corgo Bahn war. Weiter geht es hinauf und hinunter. Nach 4 Stunden sind wir im Vorort Outeirinho, wo das beliebte Restaurant Luis do Outeirinho direkt am Weg liegt. Es ist Samstag und im Restaurant sind praktisch alle Tische mit Grossfamilien besetzt. Aber wie immer, irgendwo wird für uns aufgetischt und wir erhalten, ohne gross zu fragen, das heutige Menu 'Bacalão com batatas a murro'. (Kabeljau in Olivenöl mit Knoblauch und geschwellten Kartoffeln, die mit einem Holzlöffel flach geklopft werden). Ich bestelle eine halbe Portion und Ursula, die meistens mehr Appetit hat, eine ganze Portion. Meine halbe Portion ist sehr gross und die von Ursula hätte locker für uns beide gereicht. Nach dem Essen sind wir froh, dass wir noch ca. 30 Minuten gehen müssen bis wir in Cabeceiros des Basto ankommen. Ein ländlicher Ort, aber mit einer imposanten Barockkirche.

112

**43** Porto d'Olho – Venda Nova, 17 km

Heute ist Sonntag und entsprechend ruhig ist es am frühen Morgen im Ort.

Wir haben gestern Abend ein Taxi bestellt, das uns gegen 9 Uhr zum 600 Meter höher gelegenen Punkt Porto d'Olho fährt. Nachher sind es immer noch 17 km bis nach Venda Nova am gleichnamigen Stausee.

Beim kleinen Weiler Porto d'Olho befindet sich eine Kapelle mit einer grandiosen Sicht über die Gegend, durch die wir in den vergangenen 2 Tagen gewandert sind. Unser Fahrer steigt auch aus und geht mit uns zur Kapelle. Obwohl er in der Gegend wohnt, war er noch nie da oben. Er ist genauso begeistert wie wir. Danach fährt er zurück und wir machen uns auf den Weg.

Borrosão Rinder mit ihren angsteinflössenden Hörnern schauen uns kritisch an, aber gemäss der Beschreibung im Pilgerführer sind sie nicht aggressiv.

Es ist eine rauhe Landschaft hier oben. Kühe und Ziegen weiden auf den kleinen Weiden, die mit Trockensteinmauern eingefasst sind. In den kleinen Weilern werden wir von den Hunden angekläfft. Unterwegs liegt ein rustikales Restaurant am Weg. Ein junges Ehepaar macht Mise-en-place in der offenen Küche. Kartons voll frischer Eier liegen bereit. Ich frage nach Spiegeleiern und sie nicken zustimmend. Zwei Spiegeleier für 2 €. Unglaublich.

Nach dieser kurzen Rast müssen wir weiter. Wie schon oft wissen wir nicht in welche Richtung unsere Strasse führt, aber nach einigen Kurven und Steigungen tun sich plötzlich neue Täler auf.

Gegen 13 Uhr erreichen wir Salto, das Zentrum für Borrosão Rindfleisch, und wir steuern das Restaurant O Parque an. Die Spezialität dieses Restaurants ist, Borrosão Rindssteak auf heissem Stein.

Das Restaurant ist voll besetzt. Wir stehen einfach da und warten bis wir angesprochen werden. An einem Tisch mit einer grossen Gesellschaft wird ein Ecktisch weggezogen und für uns bereit gemacht.

Auf allen Tischen stehen heisse Steine mit grossen Steaks darauf. Wir bestellen dasselbe aber nur eine Portion für uns beide. Als Vorspeise gibt es frischen Salat und fast gleichzeitig werden unzählige Schüsseln mit Beilagen zu unserem Tisch gebracht. Zum Schluss kündigt ein Zischen die heisse Spezialität an. Wie schon oft ist es eine Riesenportion, ca. 800 gr. Fleisch.

An allen Tischen steht jeweils eine der Frauen auf und beginnt das Steak zu tranchieren. Ich schaue kurz zu und mache dann dasselbe bei uns. Jede von uns isst 4 Stücke von diesem äusserst schmackhaften und zarten Fleisch und die restlichen 2 Stücke pro Person lassen wir uns für morgen einpacken. Auch die Beilagen schmecken sehr gut.

Meistens sprechen wir zu Beginn der Mahlzeit nicht viel. Wir sind weder müde noch ausgehungert, aber nach 4 – 5 Stunden wandern freuen wir uns jeweils, dass wir uns ausruhen können und natürlich auch aufs Essen. Sobald der erste Hunger gestillt ist, beginnen wir über das Erlebte zu sprechen. Wir werden immer von Menschen an den Nebentischen angesprochen und mit Fragen nach woher, was, wie und wohin überhäuft.

Nach dem Mittagessen geht's noch 7 km (knappe 2 Stunden) weiter. Wir können den Rest jedoch gemütlich angehen denn unser Zimmer ist ja reserviert. Das Hotel liegt ca. 1.5 km ausserhalb des Ortes, direkt am See.

Schon auf dem ganzen Weg von Salto bis hierher haben wir Hänge voll mit Erikabüschen und Goldmohn gesehen. Diese schönen Mohnblumen kannten wir beide noch nicht.

**44** Venda Nova – Paradela do Rio, 20.4 km

Heute Morgen ist es leicht bewölkt und die Prognose auf der Wetter App sagt für die kommenden drei Tage wieder regnerisches Wetter an.

Zuerst laufen wir auf der Strasse dem Stausee entlang. Dann führt der Weg durch eine schwach besiedelte Gegend. Teilweise gehen wir auf einem Römerweg, dann über Wiesen und vorbei an Horreos (Maisspeicher) und alten Steinhäusern. Aus allen Bächlein und Wasserkanälen sprudelt das Wasser. Wir sind froh, dass der weitere Weg nicht durch wasserreiche Schluchten führt.

Unterwegs passieren wir kleinste Dörfer und schauen den Menschen zu, die auf den kargen Feldern arbeiten. Teilweise halten wir auch an und sprechen mit ihnen. Gegen Mittag kommen wir bei einem Restaurant vorbei. Wie schon vorher bei einem Café ist auch dieses Lokal féchado (geschlossen). Allerdings sieht das nach dauerhaft geschlossen aus. Wir sind beide knapp an Wasser! Die Strasse steigt wieder stetig an und es ist warm. Dann sehen wir plötzlich Ponteira vor uns liegen. Eine markante Gesteinsformation überragt den kleinen Ort. Wir hoffen, dass ein Café oder ein Dorfladen geöffnet ist und ja, das Café hat geöffnet. Nachher geht es nochmals gute 4 km. Schön zu gehen aber immer wieder hinauf und hinunter.

Wir übernachten im Hostal Rio Sol. Unser Zimmer ist einfach, hat aber einen Balkon mit Sicht auf den Stausee. Ursula geht als erste unter die Dusche und plötzlich schreit sie laut auf. In der topmodernen Duschkabine spritzen die Düsen von allen Seiten, aber eiskalt! Ich warte mit duschen, bis der Warmwasser Boiler heiss ist.

Wir sind die einzigen Gäste und die Senhora kocht für uns ein frühes Nachtessen.

**45** Paradela do Rio – Pitões da Júnias, 15 km, grau, Regen

Wir gehen vor 9 Uhr los. Zuerst regnet es stark, doch dann hört der Regen langsam auf. Wir laufen auf der schwach befahrenen Strasse dem Stausee entlang. Nach einer Weile sehen wir eine Auffahrt zum Hotel Vista Bela. Es liegt erhöht über der Strasse und wir gehen hinauf. Eine sehr schöne Anlage mit üppigem Garten. Ein nächstes Mal würden wir hier übernachten. Es ist offen wir erhalten einen Kaffee.

Wir gehen weiter und es beginnt wieder zu regnen. Stark!! Die Wolken hängen tief und man sieht von der schönen Landschaft gar nichts.

Eine bis zwei Stunden späten erreichen wir ein Dorf mit einer Hespería, aber wie vermutet, ist es in der Vorsaison geschlossen. Wir stellen uns unter und rufen unsere Unterkunft in Pitões da Júnias an, damit sie uns einen Transport senden können. Eine Tochter des Hauses holt uns ab.

Pitões hätte ein Highlight in den Bergen werden sollen, aber es bleibt beim 'hätte'.

Wir hatten 2 Nächte in der Casa Preto eingeplant, um die Umgebung, inklusive eines ehemaligen Benediktiner-Klosters aus dem 11. Jh., in Ruhe besichtigen zu können.

Mit starkem Regen macht das jedoch keinen Spass, und so entscheiden wir uns, morgen den Weg nach Tourem über die Strasse unter die Füsse zu nehmen.

116

## 46 Pitões da Júnias – Tourem, 13 km

Von Pitões bis zur Strasse sind es 3 km. Wir sind zügig unterwegs, weil es relativ frisch ist. Pitões da Júnias liegt auf 1'100 MüM. Fast so hoch wie bei mit zuhause.

Langsam verziehen sich die Wolken und geben etwas Sicht in die Umgebung frei. Wir durchqueren eine einsame Hochebene. Wir sehen nur die Passstrasse, 5 Kühe, wir zwei Pilgerinnen und ca. 3 Autos. Immerhin können wir beim Zurückschauen die Steinhäuser von Pitões noch sehen.

Nach einer weiteren Weile sehen wir unterwegs einige Wildpferde, oder wir nehmen zu mindestens an, dass sie wild oder frei sind. Sie sind nicht durch einen Hag oder einen Pferch eingesperrt. Durch das Tele meiner Kamera können wir sehen, dass eines von ihnen eine grosse, blutende Wunde an der Seite hat. Wir werden uns in Tourem erkundigen.

Nach dem Passübergang ändert sich die Natur schlagartig. Man sieht Brandspuren und inmitten der verkohlten Bäume wachsen tausende von Aphodilien. Der Weiße Affodill, eine schöne weisse Pflanze, besiedelt sonnige Wiesen, offene Gehölze und Brandstellen in Höhenlagen von 0 bis 2200 Metern.

Zur Mittagszeit erreichen wir Tourem. Wir haben für uns ein Zimmer in der Casa do Braganças reserviert. Ein sehr schönes Haus. Das junge Besitzerehepaar hat ein ehemaliges Gehöft aufwendig restauriert und bietet den Gästen in diesem rustikalen Bijou einen warmen und herzlichen Empfang. In Ermangelung eines geöffneten Restaurants kocht die Besitzerin für uns ein schmackhaftes Essen.

Das wird unsere letzte Übernachtung in Portugal sein. Irgendwie beginne ich dieses Land jetzt schon zu vermissen.

## Salada à Portuguesa (Salat portugiesische Art)

Bevor wir morgen Portugal nach 7 Wochen verlassen, möchte ich ein spezielles Loblied auf den portugiesischen Salat anbringen.

Bei uns in der Schweiz wird man in Restaurants gefragt 'was für ein Dressing (Salatsauce) möchten Sie gerne, italienisch, französisch oder Hausdressing? In Spanien steht auf dem Tisch Olivenöl und Essig, dazu meistens noch ein Salzstreuer. In Portugal wird der Salat praktisch immer schon fertig 'angemacht' serviert. Der Salat ist immer gartenfrisch.

Die Salatsauce (Dressing) ist ein Traum. Sie ergänzt das frische Grün in einer Weise, die ich so noch nie gekostet habe. Ein feiner Hauch von einem sehr milden Essig, evtl. noch ein Hauch von Knoblauch und wenig Öl

Auf unserem Pilgerweg haben wir ja immer mittags in einem lokalen Restaurant gegessen, so wie die Portugiesen auch. Immer war Salat auf der Karte, grüner Blattsalat, evtl. ergänzt mit Tomaten und evtl. einem weiteren Rohkostgemüse.

Es hat eine Weile gedauert, bis wir bemerkt haben, dass dieser Salat alles Bisherige übertrifft. In einem Restaurant habe ich mich nach der Salatsauce, resp. dem Essig erkundigt und eine simple Antwort erhalten. Ein milder Weisswein-Essig aus dem Supermarkt.

Zuhause gibt es bei mir in der Zwischenzeit Salat auf portugiesische Art. In der Gastronomie in der Schweiz arbeiten viele emigrierte Portugiesen, da müsste ich doch auch einmal eine portugiesische Salatsauce erhalten.

**47** Tourem – Bande, 26.5 km schönes Wetter

Meine Wetter App hat für heute gutes Wetter prognostiziert, aber mit so schönem und klarem Wetter haben wir nicht gerechnet.

Von Tourem bis Bande sind es 26.5 km, und wir möchten unbedingt noch die präromanische Kirche Santa Comba de Bande besichtigen. Sie liegt jedoch 10 km entfernt, am gegenüberliegenden Ufer des sehr grossen Stausees Embalse de la Concha.

Also, zuerst über die Brücke in Richtung Spanien. Die Vegetation hat sich gegenüber der Hochebene in Portugal ganz verändert. Es ist viel grüner und lieblicher, obwohl auch menschenleer.

In Spanien gehen die Uhren eine Stunde vor, also wieder MEZ. Wir sind um 9 Uhr losgelaufen, d.h. um 10 Uhr. Nach eineinhalb Stunden erreichen wir mit Calvos de Randín, den ersten Ort in Galicien. Zuerst gehen wir zur Gemeinde, um unseren erstem Stempel auf spanischem Boden zu holen und fragen gleich auch betreffend der Unterkunft in Bande. Das einzige Hostal ist seit Tagen telefonisch nicht erreichbar. In Bande hat es seit Neuem ein Albergue und dort wird für uns ein Zimmer mit zwei Betten reserviert.

Nachher essen wir in der Bar Taxi. Diese Bar heisst sinnigerweise so, weil der Besitzer auch einen Taxi Betrieb führt. Wir erkundigen uns bei ihm für eine Fahrt zur präromanischen Kirche, und der Weiterfahrt in Richtung Bande bis zur Kreuzung mit dem Wanderweg.

Wir müssen den Stausee auf der östlichen Seite fast ganz umfahren, bis wir auf die gegenüberliegende Seite abzweigen können. Unser Taxifahrer erkundigt sich bei den Bewohnern nach dem Schlüssel für die Kirche und wir können die Kirche besichtigen.

Anschliessend fahren wir auf die andere Seeseite zurück, aber wir haben schon auf der Hinfahrt gesehen, dass der markierte Wanderweg entlang der stark ausgebauten Strasse verläuft, und dazu haben wir nun wirklich keine Lust. Also weiter im Auto bis nach Bande.

Bande ist ein kleiner Ort mit ca. 3'000 Einwohnern. Zu unserem Erstaunen ist das Hostal geöffnet und der Eigentümer hat ein freies Zimmer für uns. Das freut uns sehr. Er war einige Tage abwesend, darum konnte ich ihn per Telefon nicht erreichen.

**48** Bande – Celanova, 18 km, schönes Wetter

Die heutige Etappe ist vollständig mit den CN Markierungen (Caminos Naturales) versehen. Das macht das Gehen viel einfacher.

Es ist erstaunlich, wie schnell wir uns wieder an die spanischen Gepflogenheiten anpassen. Frühstück um 07.30 Uhr und los um 08.15 Uhr.

Es sind gute Wege, angenehm zu gehen und eine perfekte Temperatur. So mögen wir das. Beim ersten Weiler hören wir schon von weitem den uns bekannten Ruf eines Wiedehopfs. Wir schauen wie die Sperber und können ihn auf einem Baum ausmachen.

Irgendwann überholt uns ein Mann auf seiner Morgentrainingsrunde. Sonst treffen wir Niemanden. Teilweise verläuft der Weg etwas erhöht und gibt uns die Sicht in die weite, hügelige Landschaft Galiciens frei.

Im Laufe des Morgen ziehen wieder graue Wolken auf und das ermuntert uns, unser Lauf-Tempo zu erhöhen. Kurz vor 13 Uhr erreichen wir schöne Praza Mayor mit der imposanten Igreja (Kirche) San Salvador.

Wir nutzen die Mittagspause, um etwas zu essen, und um anschliessend unser Zimmer in einem Privathaus zu beziehen.

Das Tourismus Büro öffnet erst um 16 Uhr. Wir warten, um Tickets für die Besichtigung der Kirche zu kaufen. Wir sind die einzigen Besucher und erhalten eine kompetente Führung. Und wir können auch in Ruhe die kleine Mozarabische Kapelle San Miguel de Celanova im Klostergarten besichtigen.

Am späten Nachmittag beginnt es wieder zu regnen, oder besser zu schütten.

**49** Celanova – A Merca, 11 km, Regen

Die Strecke von Celanova, mit 29 km, wäre in einem Tag zu gehen, aber wir wollen auf keinen Fall unser Abenteuer Via Lusitana total ausgelaugt beenden.

Was die Detailplanung dieser letzten Strecke auch noch erleichtert ist, dass sich in A Merca eine romanische Kirche aus dem 13. Jh. befindet, die wir noch besichtigen wollen.

In meiner Wetter App steht heute das Zeichen für Starkregen. Wir stehen um 07.30 Uhr auf und machen uns langsam fertig, natürlich wieder in Regenmontur. Zu Kaffee und Tostada mit Tomaten gehen wir auf die Plaza. Nach 9 Uhr regnet es langsam etwas weniger und um 10 Uhr gehen wir los.

Die ganze Strecke führt einem schwach befahrenen Strässchen entlang. Es ist eine angenehme Strecke. Runter und rauf, Regen und kein Regen. Nach 5 km steht eine einfache Tienda (Kiosk) am Strassenrand. Wir bestellen ein Aquarius (unser isotonisches Getränk auf den Jakobswegen in Spanien). Der Wirt spendiert den Chicas (Mädels) das Getränk, weil wir unterwegs nach Santiago sind und weil wir ganz Portugal durchquert haben. Wir bedanken uns und werden für ihn in der Kathedrale von Santiago eine Kerze anzünden.

Weiter geht's rauf und runter. Unten ist jeweils ein Bach oder eine Furt zu überqueren. Um 12.30 Uhr sind wir in A Merca. Im Gemeindebüro hat es Licht, wir erhalten unseren Pilgerstempel und ein Buch über die präromanische Kirche San Pedro de A Mezquita, die wir morgen auf dem Weiterweg besichtigen werden.

In A Merca hat es ein Hostal und ein Restaurant, also alle Annehmlichkeiten für einen Regentag.

# 50 A Merca – Ourense, Sonntag, 19 km

Während der Nacht hat es sehr stark geregnet. Irgendwie passt diese Wetterlage zu diesem Pilgerweg, aber es weckt keine negativen Gefühle bei uns.

In unserem Hostal würde es erst ab 10 Uhr Frühstück geben und so gehen wir wieder einmal ohne Kaffee los. An der Carretera (Strasse), nur 50 Meter von der Kirche entfernt soll sich eine Cafeteria befinden. Dort werden wir dann frühstücken.

Für die Besichtigung der imposanten Kirche erhalten wir die Schlüssel von einer Frau, die für die Kirche zuständig ist. Ein Pfarrer, der seine Messe vorbereitet, begleitet uns auf unserem Rundgang.

Regen!!! Immer wieder Regen. Wir gehen auf der Carretera weiter. Absolut kein Verkehr. Die Landschaft wird flacher und es geht nur noch abwärts, da Ourense nur auf 125 MüM liegt. Nach 3 Stunden trinken wir in der Cafeteria einer Tankstelle etwas Warmes und gehen bald wieder weiter.

Bei einem Bauernhaus winken uns Frauen zu, rufen fragend 'A Santiago? ' und bieten uns Hilfe an, sofern wir sie benötigen würden. Wir lehnen danken ab und setzen unseren Weg fort. Wir wollen nur noch ankommen.

Um 14 Uhr stehen wir beim Kilometer-Stein 0 der N540. Wir bitten einen Biker, ein Bild von uns zu machen.

Da heute Sonntag ist, wird die Suche nach einem Restaurant wieder schwierig. Wir fragen immer wieder und werden schlussendlich fündig.

## Ourense – Ende der Via Lusitana

Im Pilgerführer des Outdoor-Verlages endet die Via Lusitana hier in Ourense. Und auch ich beende hier mein Buch über diesen unglaublichen Pilgerweg durch Portugal.

Es war eine Offenbarung und zugleich eine Form der Entschleunigung. Wir haben ein wunderschönes Land kennen gelernt, über das wir vor dieser Reise nur wenig wussten. Wir haben so viele herzliche und fröhliche Menschen kennen gelernt.

Wie in jedem Jahr werden wir die letzten 100 Kilometer von Ourense bis nach Santiago de Compostela noch gehen. Unser Gesamtziel wird auch in diesem Jahr das vermeintliche Grab des Apostels Santiago (Jakob), in der Kathedrale von Santiago sein.

Den letzten Teil kann man in meinem ersten Buch lesen. 'Unterwegs auf dem Camino de Levante' des BoD Verlages, ISBN Nr. ISBN: 9783753446042

↑ Weinberge im Tal des Rio Corgo ↓

↑ Traumpfade auf dem Trasse der Corgo-Bahn ↓

↑ Wiedehopf / A4 Autobahnbrücke bei Vila Real ↓

↑Hoch über der Tal von Vila Real /Harz Gewinnung ↓

↑Aufstieg auf den Monte Farinha / und Ausblick↓

↑ Porto d'Olho / Borrosão Rinder ↓

↑Venda Nova mit Stausee / Goldmohn↓

↑Bacalão /Borrosão Rindssteak ↓

↑ Ein alter Römerweg / Weg nach Paradela do Rio↓

Brücke nach Spanien / Ourense - Ziel erreicht!!

## Frühling im Jahr 2017

Wir beide, Margrit Wipf und Ursula Austermann, sind wieder in Portugal unterwegs. Wir werden nochmals die ganze Via Lusitana gehen, jetzt aber mit der neuen aktuellen Version des Outdoor-Pilgerführers, Via Lusitana, welcher im März 2017 erschienen ist.

In diesem Jahr sind wir zwei Wochen später gestartet. Die Verschiebung der Jahreszeit spürt und riecht man überall. Die Natur ist viel grüner, aber leider ist ein Teil der Blumen schon verblüht. Dafür aber sind die Kirschen schon reif.

Wir geniessen es unendlich, nochmals hier zu sein. Für uns ist alles viel einfacher geworden. Die Sprache ist noch präsent, die Gepflogenheiten sind uns vertraut und mit dem Frühstück haben wir uns in der Zwischenzeit auch arrangiert. Wenn immer möglich bestellen wir das Frühstück aufs Zimmer und erhalten es meist schon am Vorabend. Somit starten wir die Etappen früher und können die Wanderungen ohne Zeitdruck geniessen.

Zum Abschluss noch eine Information zum Wetter. Nach der langen regnerischen Phase im Jahr 2016 wurden wir im Jahr 2017 mit schönstem Wetter beschenkt.